死は存在しない

最先端量子科学が示す新たな仮説

田坂広志

光文社新書

死は存在しない
―最先端量子科学が示す新たな仮説―

目次

第八話　フィールド仮説によれば「死後」に何が起こるのか　194

第一二話 死後、「我々の意識」は、どこまでも拡大していく 264

終話　二一世紀、「科学」と「宗教」は一つになる 328

序話

この本を手に取られた、あなたへ

一見、宗教書のようにも見える「**死は存在しない**」というタイトルの本書。

しかし、そのサブタイトルは、「**最先端量子科学が示す新たな仮説**」。

相対立するかに思える、この「**宗教的な言葉**」と「**科学的な言葉**」を、敢えて表紙に掲げた本書を、あなたは、なぜ、手に取られたのだろうか。

筆者は、この本を手に取って下さった、あなたとのご縁に感謝しつつ、まず、あなたに、そのことを伺いたい。

あなたは、どのような「問い」を抱かれて、この本を手に取られたのだろうか。

筆者としては、本書が、あなたの、その「問い」に答えるものであることを願っているが、では、筆者は、本書を、どのような「問い」を抱かれた方々に読んで頂きたいと思い、書いたのか。そのことを、冒頭、述べておこう。

「死」を直視すべきときを迎えている、あなたへ

第一は、「死」を直視すべきときを迎えている方の、次のような「問い」である。

「永く人生を歩み、年齢を重ね、そろそろ『死』というものを、真剣に考えるべき時代になった。死後、我々は、どうなるのかを、知りたい」

また、あなたは、高齢でなくとも、次のような立場にあり、さらに真剣に、同様の「問い」を抱いているのかもしれない。

「大病を与えられ、医者から、それほど長く生きることはできないと伝えられている。だから、もし『死後の世界』があるならば、それがどのようなものか、知りたい」

実は、筆者も、三九年前、医者から、そうした宣告を受け、「死」を直視せざるを得なかった時代がある。そうした時代に、筆者も、「死後の世界」を語る本を読み、「死」への覚悟を定めようとした。それゆえ、筆者は、「死」を直視すべきときを迎えている方の気持ちは、痛いほどに分かる。

本書は、筆者の、そうした体験を踏まえて書かれたものでもあり、もし、あなたが、「死」というものを真剣に考えなければならない立場であるならば、本書から、「死」に向き合うための「覚悟」と「勇気」を得て頂けるだろう。

「科学」にも「宗教」にも疑問を抱かれている、あなたへ

第二は、この「死」というテーマについて、「科学」にも「宗教」にも疑問を抱いている方の、次のような「問い」である。

「現代の科学は、『死とは、無に帰すること』と主張しているので、それを信じているが、どこか、それを信じ切れない思いがある。科学に、『死』についての新たな解釈があるならば、それを知りたい」

「宗教を信じているので、『死後の世界』は在ると思っているが、宗教の教義の語る『死後の世界』は、イメージが抽象的なので、信じ切れない。もっと具体的なイメージがあるならば、それを知りたい」

もし、あなたが、現代の「科学」や「宗教」に対して、そうした「問い」を抱かれているならば、本書によって、「死」についての科学の新たな解釈の可能性を知り、「死後の世界」についての具体的なイメージを持って頂けるだろう。

最先端量子科学の「仮説」に興味を持たれている、あなたへ

第三は、この「新たな解釈」や「具体的なイメージ」について、さらに踏み込んだ興味を抱いている方の、次のような「問い」である。

「もし、最先端科学が、『死後の世界』が存在する可能性を示唆しているならば、その科学的根拠や理論を、知りたい」

「もし、『死後の世界』があるならば、死後も、我々の『意識』は存続するのか。そうで

あるならば、その世界で、我々の『意識』は、どうなっていくのか。それを知りたい」

もし、あなたが、そうした「問い」を抱かれているならば、本書を通じて、最先端量子科学が示す**「ゼロ・ポイント・フィールド仮説」**について、詳しく知って頂けるだろう。

そして、「死後の世界」とは、どのようなものであり、そこで、我々の「意識」が、どう変わっていくのかについても、具体的なイメージを持って頂けるだろう。

人生で「不思議な体験」が起こる理由を知りたい、あなたへ

第四は、人生で「不思議な体験」が起こる理由を知りたい方の、次のような「問い」である。

「人生で、予感や予知、占いやシンクロニシティなど、色々な『不思議な体験』をするが、

それらは、単なる『偶然』や『錯覚』とは思えない。そうした体験が起こることに、科学的な根拠があるならば、知りたい」

「宗教では、何か『不思議な体験』があると、それをすぐに『霊的世界』と結びつける話が多いが、そもそも、その『霊的世界』とは何か。その正体が分かるなら、知りたい」

もし、あなたが、そうした「問い」を抱かれているならば、本書を通じて、なぜ、我々が、人生において、様々な「不思議な体験」をするのか、色々な「不思議な出来事」が起こるのか、その科学的根拠を知ることができるだろう。

また、宗教が永く語ってきた「霊的世界」についても、その正体が何であるか、知ることができるだろう。

肉親の「死」について切実な思いを抱かれている、あなたへ

第五は、肉親や愛する人の「死」について、切実な思いを抱かれている方の、次のような「問い」である。

「最近、最愛の肉親を失った。その悲しみと辛さ、喪失感と孤独は、とても耐え難いが、それでも、我々は、いつか、死を迎えた後、あの肉親と『再会』できるのだろうか?」

「あの肉親とは、生前、しばしば感情がぶつかり、互いの心が離れたまま、肉親は、他界してしまった。もし、『死後の世界』があるならば、その世界で、あの肉親と『和解』することができるのだろうか?」

「あの肉親は、悲惨な形で『死』を迎えた。とても苦しみながら、無念の思いで他界したが、あの肉親の『魂』は、救われているのだろうか?」

「あの肉親は、他界した後も、自分を導いてくれているような気がする。それは、単なる思い過ごしなのだろうか。それとも、本当に、導いてくれているのだろうか?」

もし、あなたが、そうした切実な思いを抱かれているならば、本書を読んで頂ければと思う。

筆者もまた、肉親を失った痛苦な体験がある。そして、深い喪失感と後悔、悲しみの時期を過ごした。しかし、その後、肉親が導いてくれていると感じられる体験を重ね、本書で述べる「死後の世界」の可能性を信じるようになった。そして、心に「光」を得た。

「死」についての思索を深めたい、あなたへ

第六は、「死」について、自身の思索と思想を深めたいと思われている方の、次のような「問い」である。

「古今東西、『死』については、様々な思想や哲学が語られてきたが、それらを包括的に見つめる思想は、無いのだろうか？」

「現在も、『科学』と『宗教』と『哲学』は、それぞればらばらに、『死』を語っているが、それらを統合する思想というものは、無いのだろうか？」

もし、あなたが、そうした「問い」を抱かれているならば、本書は、その「問い」に対する一つの「答え」を示しているかと思う。

特に、本書の後半からは、

人工知能や複雑系科学、ガイア思想や自己組織化論などの科学理論
ユング心理学やトランスパーソナル心理学などの深層心理学
般若心経や法華《ほけ》経、華厳《けごん》経、浄土真宗や禅宗、神道や自然崇拝などの宗教思想
キリスト教の旧約聖書とテイヤール・ド・シャルダンの進化論
ヘーゲルやスピノザ、ハイデッガーやサルトルなどの西洋哲学

などの理論や思想や哲学を交え、さらには、映画や小説や詩などのメタファー（隠喩）を縦横に引用しながら、「死」と「死後の世界」「死後の意識の変容」に光を当てている。

本書が用いる、そうした「知の包括的アプローチ」「知の統合的手法」の視点からも、「死」についての思索と思想を深めて頂ければと思う。

最先端科学が示唆する「死後の世界」の可能性

このように、筆者は、本書を、次のような方々に向けて書いた。

「死」を直視すべきときを迎えている方々
「科学」にも「宗教」にも疑問を抱かれている方々
最先端量子科学の「仮説」に興味を持たれている方々
人生で「不思議な体験」が起こる理由を知りたい方々
肉親の「死」について切実な思いを抱かれている方々
「死」についての思索を深めたい方々

それゆえ、本書は、あなたに、様々な視点から「死」というものを見つめ、考える機会を提供できると思うが、筆者が、本書を通じて、あなたに伝えたい「**最も大切なメッセージ**」は、次のことである。

これまでの「科学」は、「死後の世界」の存在を、否定してきた。

それゆえ、「死後の世界」を肯定する「宗教」とは、決して交わることが無かった。

しかし、近年、最先端量子科学が、一つの興味深い「仮説」を提示している。

その「新たな仮説」は、「死後の世界」が存在する可能性を、示唆している。

では、その「仮説」とは、どのようなものか、どのような科学的理論か。

もし、その「仮説」が正しければ、「死後の世界」とは、どのようなものか。

この「死後の世界」において、我々の「意識」は、どうなっていくのか。
もし、この「仮説」が正しければ、それは、この人生を生きる我々に、何を教えるのか。
もし、この「仮説」が正しければ、「科学」と「宗教」は、融合していくのか。

本書は、そのメッセージを語ったものであるが、本書で述べる「最先端量子科学が示す新たな仮説」とは、

「ゼロ・ポイント・フィールド仮説」

と呼ばれるものである。

筆者は、永年、科学者と研究者の道を歩んできた人間であるが、そして、原子力工学の博士号を持つ人間であるが、その立場から見ても、この仮説は、科学的検討に値する十分な合理性を持った仮説と考えている。

そこで、本書においては、この「ゼロ・ポイント・フィールド仮説」を説明するとともに、この仮説に基づいて、死後、我々の意識がどうなっていくのかを論じている。

しかし、実は、筆者は、科学者と研究者の道を歩んだことから、本来、「唯物論的思想」を持っていた人間であり、それゆえ、永年、「死後の世界」は存在しないと考えていた人間である。

その人間が、「死後の世界」が存在すると考えるようになったのは、自身の人生において、「不思議な体験」、例えば、「直観」や「以心伝心」、「予感」や「予知」、「シンクロニシティ」や「コンステレーション」などの体験を、極めて象徴的な形や劇的な形で、数多く与えられたからである。そして、親しい友人や知人の話を聞くと、そうした「不思議な体験」を持つ人が少なくないことを知ったからである。

それらの「不思議な体験」については、そのいくつかを、本書でも紹介するが、ただし、筆者は、科学者の出身であるがゆえに、そうした体験によって、すぐに「天国」や「霊界」の存在を信じるといった「**ブラックボックス的な思考**」に向かうことはできなかった。

筆者は、あくまでも、「**科学的・合理的な思考**」によって、

なぜ、我々の人生において、「不思議な出来事」が起こるのか
なぜ、世の中には、「死後の世界」を想起させる現象が存在するのか
もし、「死後の世界」というものがあるならば、それは、どのようなものか

を解き明かしたいと考えた。そして、永年の探求と思索の結果、たどりついたのが、最先端量子科学が提示する、この「ゼロ・ポイント・フィールド仮説」である。

そこで、本書では、この仮説に基づき、

死後、我々の意識は、どうなっていくのか

について、最先端の宇宙論や時間論、生命論や進化論、脳科学や意識科学、コンピュータ科学や人工知能論、さらには、古代宗教や古典哲学、東洋医学や代替医療、深層心理学や瞑想技法、文化人類学や地球環境論などの思想を交え、筆者の考えを明確に述べた。

もとより、「死後の世界」を論じることは、色々な疑問や批判を受けるものともなるだろう。しかし、筆者は、そうした疑問や批判を、心より歓迎したい。

なぜなら、いつの時代にも、「新たな理論」や「新たな思想」を論じることは、多くの疑問や批判を受けてきたからであり、そうした疑問や批判が、その理論や思想を、さらに深化させ、発展させてきたからである。

それゆえ、本書を読まれた科学者や宗教家、心理学者や哲学者の方々には、ぜひ、この「ゼロ・ポイント・フィールド仮説」を検討し、この理論をさらに発展させて頂きたい。

なぜなら、筆者の願いは、ただ一つだからである。

「科学」と「宗教」の間にある深い谷間に、「新たな橋」を架けること。

いまも、世界中の大半の人々が信じる、様々な「宗教」。

いまや、我々の意識に、最大の影響を与えるようになった「科学」。

その二つが、対立することなく、調和し、融合していく「未来」。

我々は、二一世紀、その「未来」を切り拓いていくべきと、筆者は信じている。

第一話

あなたは、「死後の世界」を信じるか

人類にとって最大の謎、人生における最大の疑問

「死」とは何か。

それは、人類にとって「最大の謎」であり、人生における「最大の疑問」であろう。

言葉を換えれば、我々人間には、誰にも、その心の奥深くに、次の「問い」がある。

「人は、死んだら、どうなるのか？」
「死んだ後、我々の意識はどうなるのか？」
「死後の世界はあるのか？」
「死後の世界があるならば、それはどのようなものか？」

そして、この問いに対して、古今東西の思想家や宗教家、科学者は、様々な考えを述べている。

まず、「死後の世界」が存在することを明確に語っている宗教家の一人が、チベット仏教の最高僧、ダライ・ラマ法王一四世である。

彼は、人間は死んだら他の誰かに生まれ変わるという「輪廻《りんね》転生《てんしょう》」の思想を信じる立場から、あるインタビューで、飄々としたユーモアを交え、しかし、堂々と、こう答えている。

「次は、どのような人間に生まれ変わるのか、そのことを考えると、死ぬのが楽しみだ」

これに対し、この「死とは何か」という問いに対する答えを婉曲に避けた考え、すなわち、「死後については分からない」という考えを述べたのが、儒教の始祖、孔子である。

彼は、次の言葉を遺している。

「いまだ生を知らず、いずくんぞ、死を知らん」

同様に、「死後については分からない」という立場を取りながらも、「死後の世界」があることを予感し、期待し、その思想を語ったのが、スウェーデンの海洋学者、オットー・ペテルソンであろう。

彼は、九三歳で亡くなる直前、やはり海洋学者であった息子に、次の言葉を残している。

「死に臨んだとき、
私の最期の瞬間を支えてくれるものは、
この先に何があるのかという、
限りない好奇心だろう」

彼は、科学者でありながら、やはり「死後の世界」が存在することを、どこかで信じていたのであろう。

ちなみに、この問いに対する答えを優雅に避けながら、香りを遺したのが、神学者であり医者であった、アルベルト・シュバイツァーである。

彼は、「あなたにとって、死とは何か」と訊かれ、次の答えを遺している。

「私にとって、死とは、モーツァルトが聴けなくなることだ」

「死」を語る三つの視点

このように、古今東西の思想家、宗教家、科学者は、「死」について様々な思想や言葉を遺しているが、人類の歴史を振り返るならば、「死」に関する書物は、無数に世に出ている。それらの書物は、大きく三つに分けることができるだろう。

第一は、「**宗教的な視点**」から「死後の世界」を語ったものである。

その最も有名なものの一つが、『チベット　死者の書』であるが、この書は、死者が「死後の世界」において、どのような体験を与えられ、それにどう処すればよいかを、仔細に語っている。同様の書に、『エジプト　死者の書』などもある。

また、様々な宗教が、「**死後の世界**」**が存在する**ことを前提として、その思想を語っており、キリスト教は「天国」を論じ、仏教は「極楽浄土」、イスラム教は「ジャンナ」を語ってきた。

第二は、「**科学的な視点**」から「死後の世界」が無いことを語ったものである。

その多くは、我々の意識は、肉体の一部である脳の活動にすぎず、もし、この肉体が生命活動を終えれば、それに伴って、脳も機能を停止し、意識も消え去っていき、**すべてが「無」に帰する、**ということを語っている。

第三は、「**医学的な視点**」から「死後の世界」の可能性を示唆したものである。

その代表的なものが、「**臨死体験**」について語った書物である。

すなわち、医学的な臨床観察の報告として、死に瀕して生還した患者が、意識の回復後、「死後の世界」の入口で神のような存在と対話したという体験や、すでに亡くなった肉親に再会したという体験、意識が自分の肉体から離れて自分の体を見下ろしていたという「幽体離脱」の体験、意識が肉体を離れて動き回り、普通では見ることのできないものを見てきたという体験など、様々な「不思議な体験」を報告したものである。

しかし、これらの書物は、真摯に「死」を論じているが、残念なことに、いずれも、読んだ人間に、「さらなる疑問」を残すものとなっている。

三つの視点、いずれも残す「さらなる疑問」

第一の「**宗教的な視点**」からの書物は、「死後の世界」が存在することは明確に主張し、それを信じることを多くの人々に求めるが、その「死後の世界」が、科学的に見て、なぜ存在するのか、どのように存在するのかについては、「神秘のベール」に包んでしまい、それ以上、語ろうとはしない。

第二の「**科学的な視点**」からの書物は、「死後の世界」が存在しないことは明確に主張し、多くの人々に、それを語るが、しかし、人類の歴史始まって以来、無数の人々が体験してきた「不思議な出来事」や「神秘的な現象」については、それらを、単なる「錯覚」や「幻想」、さらには「脳神経の誤作用」であるとして説明を終え、では、なぜ、そうした「不思議な体験」が起こるのかを、さらに深く、科学的に究明し、説明しようとしない。

第三の「**医学的視点**」からの書物は、「臨死体験」の存在や「死後の世界」の存在については、その可能性を認め、できるだけ科学的客観性を持って、そうした「不思議な体験」が存在することを報告しているが、やはり、なぜ、そうした「不思議な体験」が起こるのかを、科学的に説明できていない。

このように、これまで古今東西で著されてきた「死」に関する書物は、宗教的、科学的、医学的、いずれの書物も、「死」や「死後の世界」を真摯に論じているが、残念なことに、読んだ人間に、「さらなる疑問」を残すものとなっている。

「科学」と「宗教」の間に横たわる深い谷間

もとより、人類の歴史の中で、無数に報告されてきた「不思議な出来事」や「神秘的な現象」の中には、たしかに、単なる「錯覚」や「幻想」であったものも多い。ときには、意図的な「手品」や「詐欺」であったものも少なくない。
しかし、それでも、やはり、それを単なる「錯覚」や「幻想」、「手品」や「詐欺」として切り捨てることのできない、**信憑性や真実性が高い「不思議な出来事」や「神秘的な現象」があることも、厳然たる事実である。**

そこで、本書では、人類の歴史の中で無数の人々が体験してきた「不思議な出来事」や「神秘的な現象」というものが、現実に存在することを認めたうえで、そうした出来事や現象が、なぜ起こるのかを、どこまでも「**科学的な視点**」から論じたいと考えている。

具体的には、近年、「**最先端の量子科学**」が提示している一つの仮説を用いて、人類の歴史始まって以来、謎とされてきた「**宗教的な神秘**」の解明を試みよう。

さらに、その解明を通じて、人類にとって最大の謎とされてきた「**死後の世界**」について、やはり「科学的な視点」からの解明を試みよう。

そして、それらの試みを通じて、筆者は、これまで数百年存在してきた、**「科学」と「宗教」の間に横たわる深い谷間**に、理性的な視点からの橋を架け、**二一世紀における「科学」と「宗教」の融合**を試みたいと考えている。

「死後の世界は存在するか」　三つの答え

しかし、その話を始める前に、あなたにも、先ほどの「問い」を投げかけたい。

あなたは、「死後の世界」の存在を信じるか。

これは、我々の人生において、最も大切な問いであり、誰もが、必ず考える問いであるが、では、あなたは、「死後の世界」の存在を信じるか、と問われたならば、何と答えるだろうか。

実は、この問いに、どう答えるかによって、我々は、大きく三つの立場に分かれる。

第一は、「**死後の世界の科学的否定論**」であり、現代の科学が主張するように、肉体の死とともに意識も消滅し、すべては「無」に帰すると考える立場である。

第二は、「**死後の世界の宗教的肯定論**」であり、古くから多くの宗教が語ってきたように、肉体の死後も意識は存続し、「死後の世界」で生き続けると考える立場である。

第三は、「**死後の世界の半信半疑論**」と呼ぶべきものであり、宗教が語る「死後の世界」について、どこかに、その存在を信じたい思いはありながらも、現代の科学が「死後の世界」を明確に否定していることから、なかなか「死後の世界」の存在を積極的に信じることができない立場である。

そして、おそらく、現代人の多くは、実は、この第三の立場に立っているのであろう。

「科学」は、現代における「最大の宗教」

そのことを象徴するのが、**「墓参り」**や**「神社・仏閣参拝」**である。

例えば、「あなたは、死後の世界の存在を信じますか」と問われれば、「人間は、死ぬと無に帰すると思います」と答える人でも、一方で、毎年の墓参りを怠らず、墓前では、亡くなった両親に対して「お陰さまで、家族皆、元気に過ごしています」などと報告することは、決して珍しくない。

また、例えば、「あなたは、神や仏の存在を信じますか」と問われれば、「いえ、そうしたものは存在しないと思います」と答える人でも、ひとたび、家族が深刻な病気になったり、大きな事故に遭ったりしたときは、神社や仏閣に参拝し、病気治癒や健康回復などの祈願をし、家族の無事を祈ることも、決して珍しくない。

では、こうした「**死後の世界の半信半疑論**」や「**神仏の存在の半信半疑論**」とでも呼ぶべき第三の立場の人が、なぜ、数多く生まれてくるのか。

その理由を端的に述べるならば、多くの人々は、深層意識のどこかに、「死後の世界があると信じたい」「神仏の存在を信じたい」という思いを抱きつつも、現代の科学が、その存在を明確に否定しているため、表面意識では、「死後の世界は存在しない」「神仏は存在しない」と考えているからであろう。

そして、こうした矛盾が起こる背景には、「**科学」というものが、現代における「最大の宗教」になっている**という、奇妙な状況がある。

たしかに、これまでの歴史において、「科学」は、人々の生命と健康を守り、生活を便利で快適なものにするために、極めて多くのことを成し遂げてきた。この「科学」が成し遂げた素晴らしい成果や業績は、誰もが認めるものであろう。

しかし、その結果、現代においては、「科学」というものが、我々の意識に最大の影響力を持つ存在となり、いわば「最大の宗教」となってしまっているのである。

そして、その「科学」が、「神秘的な現象」の存在を否定し、「死後の世界」の存在を否定しているかぎり、この二つを肯定している「宗教」とは、決して、交わることが無い。

では、なぜ、現代の「科学」は、「神秘的な現象」や「死後の世界」を否定するのか。

それらは、本当に、「科学」によって否定できるものなのか。

そのことを、もう少し深く考えてみよう。

第二話

現代の科学は「三つの限界」に直面している

「分析」をすると、「本質」が見えなくなる

先ほどから、筆者は、「現代の科学は」という表現をしている。

その意味は、人類の文明、数千年の歴史の中で、近代科学の歴史は、わずか数百年にすぎず、現在、我々が「科学」と呼んでいるものは、たしかに素晴らしい成果や業績を挙げてきたが、それでも、まだ、様々な「限界」を持ったものだからである。

その一つの大きな限界は、**現代の科学は、「意識」というものの本質を、まだ、明確に説明できないことである。**

そして、その理由は、現代の科学が「**唯物論的科学**」だからである。

すなわち、現代の科学は、この世界の本質は「物質」であり、「生命」や「生物」も「意識」や「心」や「精神」も、すべて、「物質」が複雑な物理的・化学的な相互作用を生じた結果、生まれてきたものであるとの立場、すなわち、「唯物論」の立場に立っているからである。

これは、言葉を換えれば、すべてを「物質」の性質で説明する「**物質還元主義**」の立場であるとも言える。

そして、その結果、この「唯物論的科学」は、「意識」というものも、すべて「物質」が生み出したものであるとする立場に立ち、我々の「意識」や「心」や「精神」というものも、人体の中の「脳」という部位の「神経細胞」が起こす化学的・電気的な相互作用によって生まれてくるとする立場に立っている。

それゆえ、この「唯物論的科学」は、「肉体」が消えれば「意識」も消え、死後に「意識」が残ることは無い、従って、「死後の世界」など無い、との明確な立場に立っている。

そして、我々の多くは、現代の科学のこの考えを「絶対の教義」のごとく、受け入れてしまっている。

その理由は、先ほども述べたように、現代においては、「科学」が「最大の影響力を持つ宗教」になっているからである。

しかし、現代の科学、すなわち、この「**唯物論的科学**」や「**物質還元主義的科学**」と呼ばれるものは、すでに何十年も前から、限界に直面している。

それは、次に述べる「**三つの限界**」である。

三人のノーベル賞学者からの根本的批判

現代の科学が直面する「第一の限界」は、**「要素還元主義」**の限界である。

この「要素還元主義」とは、**「ある対象の性質を理解するためには、まず、その対象を小さな要素に『分解』し、次いで、それぞれの要素を詳細に『分析』し、最後に、そこで得られた分析結果を『総合』すれば、その対象の性質がすべて解明できる」**という考えである。

実は、『方法序説』を著した一七世紀のフランスの哲学者、ルネ・デカルト以来、永年、科学は、この「要素還元主義」に立脚してきた。

しかし、近年、その限界が明らかになってきたことから、この「要素還元主義」を超える科学的手法として、**「複雑系科学」**(Complexity Science)が注目されるようになってきたのである。

この「複雑系科学」とは、現代の科学が立脚する「要素還元主義」への根本的批判として生まれてきたものであるが、分かりやすく言えば、**「物事が複雑になっていくと、新たな性質を獲得するため、複雑な対象を要素還元主義的に分解し、分析し、その結果を総合しても、対象の性質を正しく理解することはできない」**という立場に立った科学である。

一つの例を挙げれば、秋の空に浮かぶ鱗雲の性質を理解しようとして、その雲を取ってきても、それは水蒸気の固まりにすぎず、鱗雲の性質は消えてしまって、分からない。そして、水蒸気の性質を理解しようとして、その水分子を取り出してきても、水蒸気の性質は消えてしまって分からない。さらに、水分子の性質を理解しようとして、それを分解して、酸素の原子一個と水素の原子二個に分解しても、水分子の性質は分からない。

同様に、「意識」や「心」や「精神」というものの本質を知ろうとして、脳を解剖して神経細胞の働きを仔細に調べても、それだけでは、決して、「意識」や「心」や「精神」というものの本質を知ることはできないのである。

この「複雑系科学」については、拙著『複雑系の知』や『まず、世界観を変えよ』において詳しく述べているが、その要点を述べるならば、以上のような説明になる。

そして、この「複雑系科学」は、決して怪しげな「似《え》非《せ》科学」ではない。

それは、米国ニューメキシコ州のサンタフェにある「**サンタフェ研究所**」が、一九八〇年代から、その研究を進めている真っ当な科学である。

この研究所は、三人のノーベル賞受賞者、物理学賞のマレー・ゲルマンとフィリップ・

アンダーソン、経済学賞のケネス・アローが中心となって一九八四年に設立したものであり、現在も、世界中の優れた若手研究者が集まって、学際的な研究を続けている。

それにもかかわらず、現代の科学は、このサンタフェ研究所が提起している「**要素還元主義の限界**」という問題提起を正面から受け止めることなく、相変わらず、唯物論的科学や物質還元主義的科学が主流となって、「意識」の問題を解明しようとしているのであり、それが、現代の科学が、いまも「意識」の本質を解明できない理由でもある。

ミクロの世界では、「物質」が消えてしまう

現代の科学が直面する「**第二の限界**」は、「**物質消滅**」という限界である。

すなわち、唯物論的科学は、世界のすべては「物質」の性質から説明できるとする立場に立つが、現代の最先端科学、特に量子科学の世界を究めていくと、そもそも、その

「物質」そのものが、確固として存在するものではなく、非常に不確かな存在であることが明らかになっている。

実際、我々の目の前にある世界を日常感覚で見るならば、「物質」とは、観ることも、触ることもできるものであり、目の前に明確に「存在」し、「質量」や「重量」を持ち、どこに存在しているかという意味での「位置」も明確に分かるものであるが、一方、**この世界を、極微のレベル、原子よりも遥かに小さな「素粒子」のレベルで観察するならば、そうした日常感覚で捉える「物質」という存在が「消えて」**いく。

その象徴的な例が、素粒子の一つである「光子」が示す「**粒子と波動の二重性**」である。これは、量子科学の教科書レベルでも、良く紹介される性質であるが、光の実体、すなわち「光子」は、観察の方法によって、「粒子」の性質を示すときもあれば、「波動」の性質を示すときもある。すなわち、光子というものを「極微の物質」であり「極微の粒子」だと考えても、実際には、「波動」としての性質を示し、「物質」として、その「位置」を測定することさえできないのである。

これは、量子科学の創成期に、アルベルト・アインシュタインやヴェルナー・ハイゼンベルクを始めとする多くの科学者を悩ませた「粒子と波動の二重性」の問題であり、現在も、量子科学の根本にある「パラドックス」とされているものである。

また、アインシュタインの提唱した「**相対性理論**」（Theory of Relativity）において、しばしば「$E=mc^2$」という方程式が示されるが、これは、「m」という質量を持った「物質」が、「mc^2」という「エネルギー」へと変換されることを示した方程式である。

すなわち、我々が「物質」と呼んでいるものは、実は、すべて「エネルギー」の固まりに他ならず、目の前に存在する「物質」は、それがいかに強固な存在に見えても、それは、究極、「エネルギーの固まり」に他ならないのである。

そのことを象徴的に示すのが、原子爆弾である。これは、ウランやプルトニウムという核分裂性物質が、連鎖的に核反応を起こすと、瞬時に巨大なエネルギーに変換されることを利用した大量破壊兵器である。

同様に、原子力発電が実用化されているのは、「物質」の本質が「エネルギー」であり、ウランやプルトニウムという「物質」が、核分裂によって瞬時に「エネルギー」に変換されるからである。

さらに、あなたは驚かれるかもしれないが、この量子科学においては、日常感覚では何も存在しないと考えられている「**真空**」**は、実は、**「**無**」**ではないとされている。**

それは、実は、「**量子真空**」(**Quantum Vacuum**)と呼ばれるものであり、莫大なエネルギーが潜む場である。そして、その中から、素粒子が生まれてきては、消えていく場でもある。

すなわち、ここにも、ある種の「物質」と思われるものが、真空(無)から生まれてきて、真空(無)へと帰っていくという不思議なプロセスが存在する。

このように、現代の科学である「唯物論的科学」や「物質還元主義的科学」が立脚する「**物質**」**という存在は、実は、極めて曖昧な存在であり、**むしろ、現代の最先端科学は、この世界の本質は「物質」ではなく、「波動」であり、「エネルギー」であることを明確に示しているのである。

これが、現代の科学が直面する「物質消滅」という限界に他ならない。

現代の科学には「説明できない不思議」が数多くある

現代の科学が直面する「**第三の限界**」は、「**説明不能**」という限界である。

すなわち、現代の科学には、「**なぜ、そうしたことが起こるのかを、説明できない**」という問題が、数多くあるのである。

その事例として、ここでは「**五つの問題**」を挙げておこう。

第一は、「**自然定数の奇跡的整合性**」という問題である。

これは、現在、我々が住むこの宇宙は、宇宙の基本的性質を表す「自然定数」と呼ばれるものが、「**奇跡的な数字の組み合わせ**」になっているという問題である。

具体的には、重力と電磁気力の強さや、陽子と中性子の質量の大きさといった数字が、わずか０・１％違っただけで、この宇宙は、このような生命の誕生にふさわしい形で「存在」することはできなかったのである。そして、現代の科学は、なぜ、この宇宙は、その自然定数が、このような「奇跡的な数字の組み合わせ」になっているのかを、全く説明できないのである。

第二は、「**量子の絡み合いと非局在性**」という問題である。

これは、一度、絡み合った（Entanglement）量子同士は、宇宙の彼方に引き離されても、一方が、ある状態を示すと、もう一方は、瞬時に、その反対の状態を示すという不思議な性質である。これは、光の速さよりも速く、情報が伝達されることになり、アインシュタインの相対性理論に反することになるが、この「**非局在性**」（**Non-Locality**）と呼ばれる量子の性質を、現代の科学は説明できないのである。

第三は、「**ダーウィニズムの限界**」という問題である。

これは、生物の進化は、すべて、突然変異と自然淘汰によって起こるとするダーウィンの理論では、人類のように高度で複雑な生命が誕生するためには、地球の年齢、四六億年を遥かに超える年月が必要になるため、現実に、**この地球上に、数十億年の期間で人類が**

誕生した謎を、現代の科学は説明できないのである。

第四は、「**生物の帰巣《きそう》能力の謎**」という問題である。

例えば、河川で卵から孵化《ふか》した鮭の稚魚は、春、海に降り、遠く離れた外洋で何年かを過ごし、最後は、生まれ故郷の河川に戻ってきて産卵する。また、鳩の帰巣能力や渡り鳥の方向認識能力の高さは良く知られており、蟻《あり》もまた、かなり離れた場所から正確に巣に戻る。さらには、五千キロの距離を歩いて飼い主の元に戻った犬の事例も報告されているが、現代の科学は、こうした生物の帰巣能力の謎を解明できないのである。

第五は、「**神経の伝達速度と反射運動の謎**」という問題である。

これは、例えば、野球において、投手が投げた時速一六〇キロの球を、打者の視神経が捉え、脳神経に伝え、筋肉を動かすというプロセスでは、神経での情報伝達の速度を考えるならば、理論的には、とても間に合わないという問題である。しかし、現実には、打者は、この球を打ち返すことができるが、この反射運動の謎を、現代の科学は説明できないのである。

これらは、ごく一部の例であるが、現代の科学には、「なぜ、そうしたことが起こるのかを、説明できない」という問題が、数多くあるのである。

いまも「意識の謎」を解明できない現代の科学

こう述べてくるならば、現代の科学が、決して「万能」でもなく、「無謬《むびゅう》」でもなく、解き明かせない「謎」を数多く抱えた「限界」のあるものであることが理解できるだろう。

そうであるならば、我々は、現代の科学の主張を無条件に信じ込み、「現代の科学が否定しているのだから、神秘的な現象や死後の世界は存在しない」という固定観念は、一度、取り去って、まずは、虚心に、我々の生きているこの世界を見つめてみる必要があるだろう。

特に、現代の科学が直面する最大の問題の一つは、「**意識の謎**」**を解明できないという**

問題である。

その「意識の謎」のうち、最も根源的な問題は、そもそも、現代の科学は、「物質」から「意識」というものが、どのようにして生まれてくるのかを、説明できないのである。

現代の脳科学は、そのことを、「脳神経の作用で、意識が生まれてくる」と説明するが、この説明そのものに、多くの科学者や哲学者が疑問を抱いている。

むしろ、現在、最も注目されているのは、「**そもそも『物質』そのものが、極めて原初的な次元で『意識』を持っているのではないか**」という仮説である。

すなわち、ルネ・デカルト以来、当然と考えられてきた、「物質」と「意識」というものを対立的に捉える考え方ではなく、むしろ、「物質」の根源的構成要素である、量子や素粒子そのものに、極めて原初的な次元の「意識」が備わっているという考えである。

筆者は、この仮説は、極めて説得力を持つ仮説であると考えており、この仮説が、「意識の謎」を解き明かす鍵になると考えているが、その意味は、本書の後半で語ろう。

ここでは、現代の科学は、「物質」から「意識」というものが、どのようにして生まれてくるのかを説明できないという事実を、まず、理解しておいて頂きたい。

我々の誰もが体験する「意識の不思議な現象」

このように、現代の科学は、基本的な次元で「意識の謎」を解明できないのであるが、それゆえ、現代の科学は、我々の誰もが日常的に体験する、次のような**「意識の不思議な現象」**を説明できないのである。

「視線感応」
「以心伝心」
「予感」
「予知」
「占い的中」
「既視感」
「シンクロニシティ」

これらの出来事は、あなたも、これまでの人生で、一度ならず体験されているのではないだろうか。

まず、「**視線感応**」とは、日常の何かの瞬間に、ふと、視線を感じ、その方を見ると、たしかに、誰かが自分を見ていたという体験である。

「**以心伝心**」とは、人間同士が、何の言葉も交わさず、何のコミュニケーション手段も持たない状況で、相手の考えていることが分かったり、同じことを考えていたという体験である。

例えば、永年連れ添い、気心知れた夫婦の間では、言葉を交わさなくとも、いま相手が何を感じ、何を考えているかが分かり、同時に、同じ言葉を発するなどのことは、しばしば起こる。これは、多くの夫婦が体験されていることだろう。

また、少し特殊な例では、双子の兄弟姉妹の間では、この「以心伝心」が日常的に起こることも、心理学的研究で報告されている。

「予感」とは、文字通り、何か良いことや悪いことが起こることを、事前に感じ取っているという体験であるが、例えば、「何か悪い予感がする」「胸騒ぎがする」と思った後、何かのトラブルが起こったという体験は、実は、誰もが持っているだろう。また、ギャンブルを行う人は、この「予感」の力が発達しているため、こうしたことは日常的に体験しているだろう。

また、この「予感」よりも、さらに明確かつ具体的に未来の出来事を感じ取る体験が、**「予知」**と呼ばれるものである。この「予知」を体験する人は、「予感」を体験する人よりも少ないと思われるが、筆者は、この体験を持っている人にもしばしばお目にかかる。そして、筆者自身も、この「予知」については、極めて象徴的な体験を持っている。そのことは、第四話で詳しく語ろう。

さらに、**「占い的中」**とは、易者や占い師によって行ってもらったり、自分自身で行った「占い」での未来予測が、不思議と当たったという体験である。筆者は、この「占い的中」についても、象徴的な体験を持っている。

そして、「視線感応」と「以心伝心」は、現在において起こる体験であり、「予感」や「予知」や「占い的中」は、未来について起こる体験であるが、「**既視感**」は、過去の記憶と現在の出来事が結びつく体験である。

すなわち、この「既視感」は、フランス語で「**Deja Vu**」(**既に見た**)とも呼ばれる体験であるが、日常の何気ない光景を見たとき、突如、「**ああ、この光景と全く同じ光景を、過去に見たことがある**」と感じる体験である。この「既視感」は、青少年期に良く体験すると言われるが、これも、あなたは、一度や二度は、体験したことがあるだろう。

最後の「**シンクロニシティ**」(**Synchronicity**)とは、日本語では「**共時性**」と訳されている現象であるが、例えば、会話で誰かのことが話題になると、丁度、その人物から電話がかかってきたり、ある問題で悩んでいると、たまたま喫茶店で隣に座っていた客が、そのテーマで話をしていた、といった体験である。

「説明できないものは、存在しない」とする頑迷な立場

このように、「視線感応」や「以心伝心」、「予感」や「予知」や「占い的中」、「既視感」や「シンクロニシティ」といったものは、我々の誰もが日常に体験するが、そして、古今東西、無数の人々が体験し、報告されてきたが、こうした「**意識の不思議な現象**」を、現代の科学は説明できないのである。

そして、現代の科学は、「**説明できないものは、存在しない**」という立場をとるため、これらの「意識の不思議な現象」を、すべて、「**単なる偶然**」「**ただの錯覚**」「**何かの思い込み**」「**一種の幻想**」「**脳神経の誤作用**」といった理由で説明しようとするのである。

たしかに、古今東西、無数の人々が体験し、報告されてきた「意識の不思議な現象」の中には、事実、「単なる偶然」「ただの錯覚」「何かの思い込み」「一種の幻想」と呼ぶべきものも数多くあるだろう。さらには、「手品」や「詐欺」のようなものもあるだろう。

しかし、そうしたものを除外しても、なお、「偶然」や「錯覚」、「思い込み」や「幻想」などでは説明できないほど、明確で鮮明な「意識の不思議な現象」があることも事実なのである。

日本には、「**這っても黒豆**」という諺《ことわざ》がある。

二人の男が、畳の上にある黒い物を見ながら、言い合いをしている。

「あれは黒豆だ」「いや、あれは虫だ」

そう言い合いをしているうちに、その黒い物が這い出した。

それを見た片方の男が、「ほら、這っている。やはり虫だっただろう」と言うと、もう一方の男が、頑固に言い張る。「這っても黒豆だ」。

現代の科学が「意識の不思議な現象」に対して示す姿を見ていると、筆者には、あたかも、この「這っても黒豆だ」と主張する人物のように思えてくる。

それは、どれほど「意識の不思議な現象」が体験され、報告されても、「現在の科学で説明できないものは、存在しない」とする、頑迷な立場と言える。

しかし、もし、「科学」というものが、本来、「**世界の真実の姿を探究する**」ことを目的とするものであるならば、むしろ、こうした無数に報告される「意識の不思議な現象」が、どのような原因で生まれてくるのかを、謙虚な姿勢で、真摯に見つめ、探求し、仮説を立て、その検証に向かうべきであろう。

それは、永年、科学者と研究者の道を歩んできた一人の人間としての、筆者の思いでもある。

そして、その思いゆえに、本書で、筆者は、人類の歴史で無数に報告されてきた「意識の不思議な現象」が、どのような原因で生まれてくるのかについて、科学的な仮説を立て、説明を試みようと考えている。

現代のガリレオの呟き 「それでも、不思議な現象は起こっている」

人類の歴史を振り返るならば、かつて、「宗教」というものが「科学」に対して圧倒的に優位であった時代がある。

その時代には、「宗教」は「科学」の主張や言説を、弾圧と呼ぶべき形で、圧殺した歴史がある。

その一つの象徴が**「ガリレオ裁判」**であろう。

一人の科学者として「地動説」を唱えたことから、宗教裁判にかけられ、「地動説」を撤回し、「天動説」を認めることを強要されたガリレオ・ガリレイは、やむなく、それを認めたが、裁判の後に呟いたとされる。

「それでも、地球は動いている」と。

現代の科学の姿を見ていると、この「ガリレオ裁判」が、皮肉にも逆の様相を呈しているように思えてならない。

現代は、「科学」というものが「宗教」に対して、圧倒的に優位となった時代。

そうした時代においても、なお、無数に報告され続ける「意識の不思議な現象」。

それらの現象を、「説明できないものは、存在しない」とする現代の科学が、すべて「単なる偶然」「ただの錯覚」「何かの思い込み」「一種の幻想」「脳神経の誤作用」として切り捨てたとしても、それらの現象を体験した無数の人々は呟くだろう。

「それでも、不思議な現象は起こっている」と。

されば、現代の科学は、「科学で説明できないものは、存在しない」とする立場を改め、謙虚に、真摯に、この「意識の不思議な現象」の解明に向け、新たな歩みを始めるべきであろう。

そして、人類の歴史始まって以来、無数の人々が抱いてきた問い、**「なぜ、不思議な出来事が起こるのか」「なぜ、神秘的な現象が起こるのか」「死後の世界は存在するのか」**といった問いに、二一世紀の科学は、あくまでも**「科学的な立場」**から、「答え」を示していくべきであろう。

では、なぜ、筆者は、本書を通じて、そのことを提言するのか。

そして、本書を通じて、その「答え」の方向を示そうとするのか。

次の第三話では、その理由を述べよう。

第三話

誰もが日常的に体験している「不思議な出来事」

筆者が永く抱いてきた「唯物論的世界観」

第二話では、二一世紀の科学は、人類の歴史始まって以来、無数の人々が抱いてきた問い、「なぜ、不思議な出来事が起こるのか」「なぜ、神秘的な現象が起こるのか」「死後の世界は存在するのか」といった問いに、「科学的な立場」から、「答え」を示すべきであると述べた。

では、なぜ、筆者は、本書を通じて、そのことを提言するのか。そして、本書を通じて、その「答え」の方向を示そうとするのか。

その理由を説明するためには、まず、筆者の歩んだ「科学者」や「研究者」としての道について、述べる必要がある。

筆者は、一九七〇年に東京大学に入学し、科学技術を学ぶ工学部に進学の後、先端科学である原子力工学の専門課程で博士号を得た人間である。また、その後、米国の国立研究所で研究に従事し、原子力関係の国際学会でも委員を務めた人間である。従って、「科学者」としての訓練を受け、「研究者」としての道を歩んできた人間であり、基本的には、現代の科学、すなわち「唯物論的科学」や「物質還元主義的科学」の立場に立ってきた人間である。

こうした経歴から、筆者は、極めて自然に「**唯物論的思想と世界観**」を身につけていたが、そのため、「死後の世界」についても、「そうしたものは存在しない」との信念を持って歩んできた。

すなわち、筆者は、唯物論的思想から、「死とは、無に帰することである」との信念を持って生きてきた。

そして、さらに言えば、「無に帰すること」を恐怖と捉えることもなく、むしろ、「無に帰することは、やすらぎである」との思想さえ抱いて、三〇歳過ぎまで生きてきた。

筆者に与えられた数々の「意識の不思議な体験」

しかし、そうした人生を歩み、唯物論的思想と世界観を抱いてきた筆者が、そして、「死とは、無に帰することである」との信念を抱いてきた筆者が、その思想と信念を大きく揺さぶられる体験が与えられたのである。

それは、文字通り、現代の科学では説明できない「直観」や「以心伝心」、「予感」や「予知」といった「**意識の不思議な体験**」であった。

その体験の数々は、次の第四話で述べたいと思うが、そうした体験が数多く与えられたため、現在の筆者は、現代の科学では「単なる偶然」「ただの錯覚」「何かの思い込み」「一種の幻想」「脳神経の誤作用」として切り捨てられてきた「意識の不思議な現象」が、厳然として存在することを信じるようになった。

ただし、それは、決して、すぐに「超能力」や「霊的世界」を信じる神秘主義的・オカルト的な思想に向かったのではなく、あくまでも、一人の科学者として、**これらの不思議な現象を説明できる「科学的根拠」があると**、信じるようになったのである。

そして、永年の探求の結果、その「科学的根拠」として、現代の最先端量子科学が示す「一つの仮説」にたどり着き、この仮説が、多くの謎を解明できることを確信した。

本書を著したのは、この「仮説」を多くの人に知ってもらいたいと考えたからである。

誰もが日常的に体験している「不思議な出来事」

いま、筆者は、これまでの人生で、現代の科学では説明できない「直観」や「以心伝心」、「予感」や「予知」といった「意識の不思議な現象」を、数多く体験してきたと述べたが、これは、筆者が、何か特別な「超能力」を持っていたり、神秘的な「霊的能力」を持っているからではない。

すでに述べたように、実は、「視線感応」や「以心伝心」、「予感」や「予知」や「占い的中」、「既視感」や「シンクロニシティ」といった**「意識の不思議な現象」は、世の中の誰もが、日常的に体験しているの**である。

その一つの例を紹介するならば、この「意識の不思議な現象」について語った筆者の著書に、『運気を磨く』があるが、この著書の出版記念講演会において、冒頭、聴衆の方々に、「皆さん、他人の視線を感じたことがありますか?」と訊くと、ほぼすべての聴衆が手を挙げた。また、「皆さん、シンクロニシティと呼ばれる体験をしたことがありますか?」と訊いても、大半の聴衆が手を挙げた。

このように、「視線感応」や「以心伝心」、「予感」や「予知」や「占い的中」、「既視感」や「シンクロニシティ」といった「意識の不思議な現象」は、誰もが、日常的に体験しているのである。

しかし、一方で、これらの方々は、世の中で誤解されることを恐れ、こうした「意識の不思議な現象」の体験については、あまり公には語らない。

筆者もまた、そうした誤解を恐れ、これまで、こうした体験については、公に語ることは控えてきた。

なぜ、無数の人々が「神」や「仏」を信じてきたのか

そこで、改めて伺いたいが、あなたは、これまでの人生において、次のような「不思議な体験」をしたことが無いだろうか。

「直観」の体験

人生の重要な決断において、理屈抜きの不思議な勘が閃き、正しい決断ができた。

「以心伝心」の体験
人間関係において、言葉を交わさなくとも、また、距離が離れていても、相手の気持ちが伝わってきた。

「予感」の体験
ふと何かを感じて、予定していた行動を変えると、事故や災難を避けることができた。

「予知」の体験
ふとした瞬間に、未来の情景が心に浮かび、後に、それが現実となった。

「占い的中」の体験
人生の進路や重要な選択について占いをしてもらうと、その占いの結果が当たった。

「シンクロニシティ」の体験
何かを考えたり、求めていると、丁度、そのタイミングで、その何かに関連する情報や知識、出来事や出会いが与えられた。

「コンステレーション」の体験

身の回りで起こった様々な出来事が、全体として、何かのメッセージを伝えているように感じ、それに従うと良い結果になった。

これ以外にも、人生において「不思議な体験」と呼べるものは色々とあるが、おそらく、あなたも、過去の人生を振り返るならば、こうした「不思議な体験」を、いくつも持っているのではないだろうか。それゆえ、公に語ることが無くとも、内心では、この世界には、こうした「意識の不思議な現象」を生じる「何か」があると感じているのではないだろうか。

そして、もしかすると、あなたは、その「何か」とは、古今東西、昔から多くの人々が信じてきた「神」や「仏」や「天」、すなわち「**大いなる何か**」ではないかと感じているのではないだろうか。

実際、人類数千年の歴史において、洋の東西を問わず、無数の人々が「神」「仏」「天」と呼ばれるような「大いなる何か」の存在を否定できないと感じ、その存在を信じてきたのは、何かの劇的な「神秘的体験」や「奇跡的体験」を与えられたからではなく、多くの人々が、その人生において、こうした「不思議な体験」を様々な形で与えられたからであろう。

「意識の不思議な現象」に科学の光を当てる

すでに述べたように、筆者も、こうした「不思議な体験」を数多く持っている。いや、こうした「不思議な体験」を数多く与えられたと言うべきか。

しかし、これも、すでに述べたように、筆者は、大学の工学部で永く研究者の道を歩んできた人間であり、科学者としての訓練を受け、唯物論的な世界観を持ってきた人間である。

そのため、こうした「神」「仏」「天」といった「大いなる何か」と呼ばれる存在や、「大いなる何かに導かれた」「大いなる何かに守られた」といった現象については、非科学的、神秘主義的な怪しさを感じ、疑問を抱いてきた。

だが、その一方で、筆者もまた、これまでの七〇年を越える人生において、先ほど述べた、「直観」や「以心伝心」、「予感」や「予知」や「占い的中」、「シンクロニシティ」や「コンステレーション」といった「不思議な体験」を数多く与えられてきた。しかも、それらを、「単なる偶然」「ただの錯覚」「何かの思い込み」「一種の幻想」などでは説明できないほど、象徴的な形や劇的な形で、数多く与えられてきた。

そこで、それらの体験について、次の第四話で紹介したいと思う。

これから、しばし、その筆者の体験のエピソードに、耳を傾けて頂きたい。

おそらく、あなたにも、同様の体験があるのではないだろうか。

その過去の体験を振り返りながら、読んで頂きたい。

第四話

筆者の人生で与えられた「不思議な体験」

極限の状況で試験問題が分かった「不思議な直観」

先ほど、筆者の人生においては、「直観」や「以心伝心」、「予感」や「予知」や「占い的中」、「シンクロニシティ」や「コンステレーション」といった「不思議な体験」が、象徴的な形や劇的な形で、数多く与えられてきたと述べた。

そして、それらの体験の数々が、当初、「唯物論的な思想や世界観」を持っていた筆者の思想と信念に、大きな「ゆらぎ」を与え、三〇歳を過ぎた頃から、「意識の不思議な現象」を否定できないと感じ始めたのであるが、いま振り返れば、そうした「不思議な体験」は、筆者の青少年期からあったことに気がつく。

そこで、まず、その中でも、奇跡的とも思える「不思議な直観」の体験を紹介しよう。

それは、筆者の大学入試のときのことである。

希望する大学の一次試験は無事に合格し、いよいよ二次試験を迎えた早朝のこと。

筆者は、腹部に凄まじい痛みを感じて目が覚めた。その痛みは、文字通り、七転八倒するほどの痛みであり、早朝から駆けつけてくれた近くの町医者は、「もし、腸捻転なら命の危険がある」と、すぐに入院することを勧めた。

その医者の言葉を聞きながら、筆者は、「ああ、自分は、試験も受けずに浪人をするのか…」と絶望的な気持ちになっていた。なぜなら、筆者は、その現役受験の年は、志望校を一つに絞り、願書も一つしか出さず、もし、その試験に落ちたら、浪人をして、その大学に再挑戦しようと思っていたからである。

しかし、その極限の状況で、家族の励ましもあり、筆者は、試験だけでも受けようと思い、医者から大量の鎮痛剤をもらい、激痛に耐えながら試験会場に向かった。

そのときの心境は、いまも明確に覚えているが、「とにかく、答案用紙に何かを書こう。書きさえすれば、奇跡が起こる」と本気で信じたのである。

もとより、最善の体調で臨んでも合格の難しい大学であったが、そのときの筆者は、そうした「奇跡」でも信じる以外に、力を振り絞る方法がなかったのである。

そして、鎮痛剤を飲み続けながら、何とか各科目の試験問題に解答を書いていたが、昼休みを迎えたとき、不思議なことが起こったのである。

昼食をとれる状況ではなかったので、その休み時間も、ただ、椅子に座り、痛みに耐え、体を休ませていたのであるが、午後の科目が「世界史」であることに気がついたとき、心の奥深くから、一つの思いが浮かんできた。

「そうだ、この休み時間に、ただ一項目でも良いから、世界史の参考書を読んでおこう。最後まで、その努力はしよう…」

そして、持参してきた世界史の参考書を手に取った。その参考書は、世界史を様々なテーマに分け、二〇〇項目程度に整理したものであったが、残された時間で読めるのは、一項目だけ。そこで、とにかく手に取って開いたページの項目を覚えようと、無造作に、あるページを開いた。

すると、そのページの項目は、「中国の貨幣の変遷史」であった。

そこで、とにかく、そのページの項目を読み、頭に入れ、試験会場に戻った。

そして、いよいよ、試験問題が配布され、開始の合図とともに、その試験問題を開いた。

すると、その問題用紙に書かれていたのは、何と、「中国の貨幣の変遷史について述べよ」という自由記述問題であった。

あの最悪とも言える体調で、何とか大学に合格できたのは、この世界史のお陰でもあると思っているが、それにしても不思議な偶然であった。

二〇〇余りの項目から、無造作に、一項目を選んだ。

その一項目が、見事に、試験問題であった。

それは、単なる偶然であろうか。

それとも、筆者の無意識が、何かと繋がり、その試験問題を感じ取ったのであろうか。

これは、「不思議な直観」と呼べる体験であるが、筆者の人生には、「不思議な以心伝心」と呼ぶべき体験もある。

それも紹介しよう。

奇跡的なタイミングで貸別荘に導かれた「以心伝心」

それは、一九九七年のことである。

当時、筆者は、週末のドライブで、しばしば富士の地域を訪れていたが、その地域にある、会員制の貸別荘の会員になることを考えた。

比較的安い会費で、週末に滞在できる貸別荘であったので、色々考えた末、会員になることを決め、仮契約の手続きをしたのである。

しかし、手続きを終え、その貸別荘の事務所を辞し、森の中を車で走っているとき、ふと、ある疑問が、心に浮かんできた。

それは、「はたして、この契約をして良いのだろうか」という疑問であった。

その疑問を抱きながら、車を走らせていると、道の先に、カフェが目に入ってきた。

その瞬間、何かの声が聞こえてきたような気がした。

そして、心の奥深くから、ある考えが湧き上がってきたのである。

「そうだ。このカフェに入って、店主に、この貸別荘の評判を聞いてみよう。もし、店主が、この貸別荘について、何か否定的な評判を語ったら、やはり、この契約は見直そう。そうでなかったら、本契約に進もう」

そこで、その考えに従い、店に入り、コーヒーを注文し、タイミングを見計らって、店主に聞いたのである。

「ご主人、あの貸別荘の評判は、どうですか？」

すると、その店主は、即座に、こう答えたのである。

「お客さん、あの貸別荘よりも、うちの別荘を借りないですか。実は、私の持っている古い別荘を貸別荘にしようと思って、今朝から、店のその入り口に、写真を貼り出したところなのですよ」

不思議な偶然であった。

筆者は、その日、貸別荘の会員になることを考え、仮契約を終えた。
店主は、その日の朝、自分の別荘を貸別荘にしようと、店頭に写真を飾った。
そして、筆者は、心の奥深くの声に導かれるようにして、この店に入った。

その不思議な偶然のお陰で、店主の好意もあり、破格の費用で、その別荘を借りることになったのである。
これは、筆者の無意識と店主の無意識の間で、「以心伝心」が起こったのであろうか。

しかも、この話は、「危機を避ける」という意味での不思議な偶然も伴っていた。

後日、分かったことであるが、その会員制貸別荘の運営会社は、後に、契約上の問題で、トラブルが多発した会社だったのである。

あの森の中で、心の奥深くから湧き上がってきた考えは、その危機を「予感」や「予知」したものであったのかもしれない。

そして、この「予感」や「予知」という意味では、筆者には、「未来」に起こることを「予知」した劇的な体験もある。

二年前、米国での住居を無意識に撮影していた「予知」

それは、一九八五年のことである。

筆者は、会社の仕事の関係で、米国のワシントン州、R市にある、ある国立研究所を訪問した。そして、金曜日に仕事を終え、週末をホテルで過ごしていたところ、その研究所に勤める米国の友人が、私をドライブに誘ってくれたのである。

そのドライブの最中、友人が、知人への届け物があるということで、市内の、ある住宅街に立ち寄った。そこで、彼が届け物をしている間、私は、カメラを取り出し、車を降り、その住宅街の風景を、何気なく、何枚かの写真に収めたのである。

しかし、その写真は、帰国後、他の海外出張の写真などと一緒に、無造作に写真箱に投げ込まれ、私の記憶からは、全く消えていた。

そして、それから二年後の一九八七年、米国政府からの招待を受け、筆者は、この研究所に客員研究員として勤めることになり、着任後、R市内に、ある住宅を見つけ、その家に住むことになった。

しかし、この研究所での一年半の勤務を終え、帰国のための荷造りをしているときのことである。たまたま、その写真箱が目に留まり、過去の海外出張の写真を取り出し、懐かしく眺めていたところ、ふと一枚の写真が目に入ったのだが、その瞬間、驚きとともに、目が釘づけになった。

それは、三年半前のあのドライブのとき、何気なく撮った数枚の写真の一枚であった。

その写真は、ある住宅を真正面から写したものであったが、その住宅は、驚くべきことに、いま住んでいる家だったのである。


これも、「単なる偶然」なのであろうか。


ドライブの最中、何気なく、一軒の住宅の写真を撮った。その市内に無数にある住宅のうち、一軒を、無意識に撮った。

一方、着任後、無数の住宅のうち、偶然、一軒の住宅を見つけ、そこに住んだ。

しかし、不思議なことに、その二つの家は、同じ家であった。


それも、「単なる偶然」なのであろうか。

それとも、筆者が米国で働くことになること、そして、そのとき住む家を、自分の無意識が「予知」していたのであろうか。

もし、そうであるならば、その「未来」は、決まっていたのであろうか。

そして、こうした、「未来を予知する」という不思議な体験は、他にもある。

これも、極めて象徴的な体験なので、紹介しよう。

半年後の転職と勤務ビルが分かっていた「予知」

それは、一九八九年の夏のことである。

筆者は、仕事で東京都内を移動するためにタクシーに乗っていた。

そのとき、赤坂見附から弁慶橋の方に向かって進む車の中から、正面に建設中の高層ビルが、ふと目に入ったのである。

なぜか、そのビルのことが気になり、思わず客席から身を乗り出し、タクシーの運転手に、「運転手さん、あのビルは、何というビルですか?」と訊いた。

すると、運転手からは、「ああ、あれは紀尾井町ビルですよ」との答えが返ってきた。

自分でも、なぜ、そんな質問をしたのか分からなかった。

タクシーに乗ることは、実社会に出て、それまでの九年間で何百回とあったが、後にも先にも、目に入ったビルの名前を訊くことなど無かった。それゆえ、なぜ、このビルが気になったのか、不思議であった。

しかし、その年の一二月、私は、あるシンクタンクの創設に参画することを誘われ、熟慮の末、当時勤めていた会社を辞して、そのシンクタンクに転職することを決めたのである。

その転職を決めた後、私は、ふと気になって、そのシンクタンクの設立を準備している人事部長に、訊いた。

「ところで、このシンクタンクの本社は、どこに置くのですか？」

その問いに対する部長の答えを聞いて、筆者は、驚きを隠せなかった。

なぜなら、その部長は、こう答えたからである。

「ええ、本社は、紀尾井町ビルに置きますよ」

これもまた、「単なる偶然」なのであろうか。

それとも、筆者の無意識が、自分がまもなく転職をすること、そして、その本社が紀尾井町ビルに置かれることを「予知」したのであろうか。

そして、こうした「予知」とは違うが、やはり未来を感じ取るという意味で、「予感」という体験も、世の中には存在している。

この「予感」についても、筆者には、不思議な体験がある。

これも、二つの体験を紹介しよう。

高速道路での大事故を無意識に避けた「予感」

一つは、一九八五年のことである。

当時の筆者は、毎週末、自家用車で湘南の知人の家に行き、その知人とゆっくり話をしてから、東京の自宅に戻っていた。

自宅には、一二時前には戻りたかったので、夜一〇時になると必ず、その知人の家を辞して、車で東京に向かうという習慣を守っていたが、ある夜、特に重要な話をしていたわけでもないのに、なぜか、話が続き、腰が重くなっていた。

頭の隅では、「一〇時を回った、さあ、帰る時間だ」と思っているのだが、なぜか、その夜だけは、帰ろうという心の動きにならなかったのである。

そして、いつもの時刻を一時間余り過ぎ、一一時を回った頃、ようやく、帰ろうという気になり、その家を辞して、東京に向かったのである。

しかし、いつものように車を走らせ、東名高速に乗ったところで、恐ろしい光景を目撃した。

道路が血の海になっていたのである。

それは、酷い自動車事故が起こった直後の現場であった。

私は、思わず目を背けながら、その事故現場を後にし、自宅に戻った。

翌日、新聞に載った、その自動車事故の記事を読むと、高速道路を渡る橋からの投身自殺があり、それに巻き込まれた車が横転大破し、運転手が車から投げ出され、重傷を負って亡くなったとのこと。

しかし、その記事で、事故が起こった時刻を確認した瞬間、私は、背筋が寒くなった。

その時刻は、私の車が、いつも、その場所を通る時刻だったのである。

そして、その瞬間、なぜ、昨日の夜だけ、帰ろうという気にならず、出発が遅れたのか、その意味を理解した。

何かの「予感」が、この事故を知らせたのであろう。

その「予感」のお陰で、私は、災難を免れたのである。

昔から、世の中では、「嫌な予感」や「悪い予感」という言葉が使われるが、人間には、なぜか、迫ってくる危機や、待ち受けている危険を未然に察知する一種の「予知能力」が働くときがある。

それが、ときに「予感」として与えられるのであるが、それは、しばしば、心の奥深くから聞こえてくる「声」として、また、心の奥深くから湧き上がってくる「感覚」として与えられる。

このときの体験もまた、そうした「予感」の体験であった。

しかし、この「予感」という意味では、筆者には、もう一つ、さらに劇的な体験、不思議な体験がある。

二年後のスペースシャトルの爆発を感じ取った「予感」

それは、一九八三年のこと。

当時、日本政府は、米国のスペースシャトル計画に参画することを決め、宇宙開発事業団（当時）は、このスペースシャトルに搭乗する日本人初の宇宙飛行士を、国内から募集し、選抜することを決定していた。

この募集に対して、当時、筆者の勤めていた会社の社長の推薦もあり、筆者も応募することになった。そこで、忙しい業務の傍ら、様々な書類を整え、年末に、この募集に応募したのであるが、翌年の一九八四年、第一次審査の結果が、封書で届いた。

実は、筆者は、この募集が、極めて競争倍率の高い募集であったこともあり、また、筆者は、視力が悪いこともあり、不合格になることは、ある程度、予想していた。

しかし、その審査結果通知の封書を開け、その結果が「不合格」であることを確認した瞬間、なぜか、体全体に「嫌な予感」が走り、はっきりと「このプロジェクトは、上手くいかない！」との感覚が湧き上がってきたのである。

いま述べたように、ある程度、不合格は覚悟しており、何かの深い落胆を覚えたわけではなかったにもかかわらず、なぜ、こうした感覚が全身を包んだのか、自分でも、その理由が分からなかったが、そのときは、「悔し紛れに、自分は、そう思っているだろうか…」

と考え、それ以上、その感覚の意味を考えることはしなかった。

しかし、その夜、実家に戻り、母に不合格の報告をしようとしたとき、また、驚くべきものを見た。

母は、絵をたしなむ人間であったが、息子が宇宙飛行士になれるようにとの祈りを込め、ロケットの絵を描いていたのである。

しかし、筆者は、その絵を見て、驚きを隠せなかった。

母が描いていたロケットは、なぜか、先端から空に向かって火を噴いていたのである。

その絵を見て、思わず、「母さん、ロケットは下に火を噴くんだよ」と述べると、母も、「ああ、そうだったね」と述べ、なぜ、自分が、空に火を噴くロケットを描いたのか、あまり気にするようでもなかった。

筆者は、そのとき、あの開封のときの感覚と合わせ、この不思議な絵に、奇妙な感じを抱いたが、それ以上、深く考えることはせず、この応募の件は、日々の仕事に忙殺されるなかで、忘れていった。

しかし、それから二年後の一九八六年一月、筆者は、新聞を開いた瞬間に、そのときの感覚と絵が、何を意味していたかを、理解した。

新聞の一面で報道されていたのは、前日一月二八日に、米国のケネディ宇宙センターで起こった、スペースシャトル・チャレンジャー号の爆発事故であった。

そして、七人の搭乗員の犠牲を出した、この悲惨な事故の結果、このプロジェクトは、三年近く、遅延することになったのである。

これもまた、筆者が体験した、劇的と呼ぶべき「予感」のエピソードである。

ちなみに、このときの選抜試験で応募者五三一人の中から、最終的に選ばれたのが、後に、スペースシャトルに搭乗する、毛利衛、向井千秋、土井隆雄の三氏であった。

さて、ここまで、筆者の人生における「予知」や「予感」の体験を紹介したが、これほど劇的な体験ではないが、筆者には、これ以外に、印象的な「占い的中」の体験もある。

次に、その二つを紹介したいと思うが、いずれも、当たって欲しくない「占い」が的中した体験であり、どう考えても「当たるはずがない」占いの結果が、予想外の出来事によって「当たってしまった」という体験である。

高校進学時の予想外の出来事を予見した「占い」

第一の体験は、筆者が中学二年生のときのことである。

いよいよ高校受験を翌年に控えた時期、筆者は、都立のH高校への進学を希望していた。当時の学校の成績を考えると、H高校への進学は、それほど難しくはなかったのであるが、あるとき、母が縁を得たある易者に、将来の進路を見てもらうことにした。

それは、当たることで有名な易者であったが、筆者は、「H高校へ進学できるか」を占ってもらった。ところが、何度、易を立てても、「H高校には進学できない」との卦《け》が出たのである。

普通なら進学できるはずの高校に進学できない、という占いの結果を見て、筆者は、「受験日に病気にでもなるのだろうか…」と、いぶかしげに思った。

しかし、年が明けて、中学三年生になったとき、予想もしなかったことが起こったのである。

その年から、東京都には「学校群制度」が導入され、H高校は他のK高校、M高校と一つの学校群になり、試験に合格しても、最後は抽選で、どの学校に配属になるかが決まるという制度になってしまったのである。そのため、筆者は、仕方なく、国立のT高校に進学することに決め、結果として、易者の占いは当たり、H高校には進学できなかったのである。

期待外れの就職先を言い当てられた「占い」

第二の体験は、私が大学院を終える少し前の時期のことである。

当時、筆者は、大学院の指導教官、K教授からの誘いもあり、博士号を得た後、その研究室の助手になることが内定していた。

ところが、ある日、新宿の街角で、ある易者の前を通りかかったとき、なぜか、ふと、不思議な感覚を覚え、いつもは占いなどに興味の無かった筆者が、進路を占ってもらったのである。

すると、その易者の最初の占いでは、「あなたは、目上の人に引き上げてもらえる人生になる」との結果が出た。「それは、たしかにそうだ…」と思っていると、「その目上の人が、どこに住んでいるかを占ってあげましょう」と言う。そこで、その二番目の占いをしてもらったが、その占いの最中、筆者は、心の中で、「自分は、K教授に助手に引き上げてもらう。そして、自分の家は東京にある。だとすれば、K教授は、湘南に住んでいるので、占いの結果は『南』と出るはずだ…」と思っていた。

ところが、その予想に反し、易者の占いは、「北」と出た。このときも、いぶかしく思って、その易者の所を辞した。

しかし、それからしばらくして、あろうことか、K教授から、「色々な事情があって、助手のポストが空かなくなった」との相談があった。

深い落胆のなか、仕方なく、他の就職先を探したところ、ある財閥系企業M社のA取締役から誘いがあり、そのM社に就職することになったのである。

すると、後で知ったことであるが、このA取締役は、当時、埼玉に住んでおり、「北」に住んでいる人であった。

さらに不思議なことに、この易者は、その占いのとき、筆者に、こう付け加えていた。

「あなたを引き上げる人は、さらに高い地位に登っていくでしょう」

そして、その易者の予見通り、このA取締役は、それから一四年後に、この財閥系企業M社の社長になったのである。

さて、あなたは、こうした「占い」というものが当たると思われているだろうか。それとも、「占い」など迷信だと思われているだろうか。

すでに述べたように、筆者は、当時、唯物論的世界観を持っていたため、世の中に溢れる「占い」というものをあまり信じていなかったのだが、人生を振り返るとき、このように、なぜか、不思議なほど「占い」が当たってしまった体験がある。

あくまでも「科学者」として解明をめざした「不思議な出来事」

以上、筆者が体験してきた「不思議な出来事」を紹介したが、実は、筆者の人生において、こうした出来事は、数え切れないほどある。

道を歩いていて、あるマンションが気になる。どうしてかと思うが、その理由は分からない。しかし、数か月後、ある経営者との縁を得て、その自宅に招かれる。その自宅が、あの気になったマンションであった。

テレビを観ていると、ある人物が出演している。その人物を見ていると、ふと、心の奥深くから、「この人とは、何かの縁があるのでは…」という感覚が湧き上がってくる。するると、しばらくして、知人の紹介で、その人物と会うことになる。

朝起きると、ふと「最近、Aさんは、どうしているだろうか」との思いが浮かぶ。するると、その日、そのAさんから、久しぶりのメールが届く。

誰かとの会話中に、たまたま、B氏のことが話題になるが、そのとき携帯が鳴り、出てみると、B氏からの電話であった。

何気なく、ふと時計を見ると、いつも、不思議なほどの高い確率で、デジタル時計の時刻が、自分の誕生日の数字になっている。

このように、筆者の日常では、こうした「不思議な出来事」が数え切れないほどある。

しかし、これは、決して、筆者が何かの「超能力」や「霊的能力」を持っているといったことを述べたいのではない。

実は、**こうした「不思議な体験」は、誰もが持っている**のである。

あなたも、これまでの人生において、こうした体験、「以心伝心」や「予知」「予感」といった体験、さらには、「占い」が当たったという体験があるのではないだろうか。

それゆえ、筆者が親しい友人や知人に、こうした「不思議な体験」の話をすると、その友人や知人も同様の体験を持っているという話を聞かされることも、決して珍しくない。


実際、こうしたことは、人類の歴史始まって以来、数千年にわたり、無数の人々が体験し、数々の識者が研究してきたことでもあるが、いまだに、なぜ、そうした「不思議な出来事」が起こるのか、科学者も、宗教家も、誰も明快な説明ができないのである。

そのため、それらの友人や知人は、こうした体験を語ることが、周囲の誤解を受けることを懸念し、あまり積極的に口に出して言わないことも、一面の事実である。


筆者もまた、そうした誤解を受けることを懸念する人間であり、本書で、こうした体験を語ることに、正直に言えば、ためらいはある。

そして、筆者は、科学的教育を受け、研究者としての道を歩んできた人間でもあり、こうした現象を、すぐに「超能力」や「超常現象」、「霊的世界」や「背後霊」といった「ブラックボックス」的な解釈に結びつける説明には、全く納得がいかない人間でもある。

しかし、そうした筆者でも、これまでの何十年もの人生において、ここまで述べたような「不思議な出来事」を数え切れぬほど体験すると、この世界には、現代の科学ではまだ理解できない「何か」があると、感じるようになってきた。

そして、筆者は、科学者と研究者の道を歩んできたことから、現実に自分自身が何度も体験する「不思議な出来事」について、何らかの「科学的根拠」が存在しないのかを考えるようになったのである。

数十年かけてたどり着いた「一つの科学的仮説」

では、なぜ、我々の多くは、従来の科学では説明できない、そうした「不思議な出来事」を体験するのか。なぜ、我々の人生においては、こうした「意識の不思議な現象」が起こるのか。そうした現象に、科学的説明はできないのだろうか。

筆者は、できることならば、理性的な方法で、こうした現象が起こる原因、「**まだ科学が理解できていない何か**」を知りたいと思っている。

では、こうした「**不思議な出来事**」**は、本当に科学では説明できないのか。**

筆者は、永年、その疑問を抱いて歩んできたが、その疑問への答えを模索する歩みの中で、二〇年余り前、一つの「科学的仮説」にたどり着いた。

それは、現代科学の最先端、**量子物理学**（**Quantum Physics**）の世界で論じられている、一つの興味深い仮説である。

では、それは、いかなる仮説か。

それを、次に述べよう。

第五話

なぜ、人生で「不思議な出来事」が起こるのか

最先端量子科学が示す「ゼロ・ポイント・フィールド仮説」

我々が人生で体験する「不思議な出来事」は、本当に科学では説明できないのか。

原子力工学や量子物理学を専門とする一人の科学者として、筆者は、永年、その疑問を抱いて歩んできたが、その疑問への答えを模索する歩みの中で、二〇年余り前、一つの

「科学的仮説」にたどり着いた。

それは、現代科学の最先端、量子物理学の世界で論じられている、一つの興味深い「仮説」である。

それは、**「ゼロ・ポイント・フィールド仮説」**と呼ばれるものであるが、この仮説を知ったとき、もし、この仮説が正しければ、先ほどから論じている「不思議な出来事」や「意識の不思議な現象」の正体が、科学的に明らかになるだけでなく、さらには、人類の数千年の歴史の中で、多くの宗教家によって語られ、無数の人々によって信じられてきた、「神秘的現象」や「神秘的体験」の正体もまた、明らかにされるのではないかとの予感を抱いた。

では、この「ゼロ・ポイント・フィールド仮説」とは、いかなる仮説か。

次に述べることは、一見、我々の常識的な感覚を超えた理論と思われるかもしれないが、それは、決して怪しげな非科学的理論ではなく、原子力工学の専門家としての筆者の知見から見ても、一つの「科学的仮説」として、十分に検討に値するものである。

では、この「ゼロ・ポイント・フィールド仮説」とは何か。

「無」から壮大な森羅万象の宇宙を生み出した「量子真空」

「ゼロ・ポイント・フィールド仮説」とは、一言で述べるならば、**この宇宙に普遍的に存在する「量子真空」の中に「ゼロ・ポイント・フィールド」と呼ばれる場があり、この場に、この宇宙のすべての出来事のすべての情報が「記録」**されているという仮説である。


こう述べても、あなたは、にわかには信じ難いであろう。

実は、筆者も、そうであった。

しかし、筆者の専門である量子物理学の観点から見ると、この宇宙には「量子真空」(**Quantum Vacuum**)と呼ばれるものが存在し、その場が、**「ゼロ・ポイント・エネルギ**

ー」で満たされているということは、現在、科学的事実として認められている。

では、「量子真空」とは何か。

それを説明するためには、まず、この**宇宙の誕生の起源**から説明する必要がある。

では、我々の住む、この宇宙は、いつ誕生したのか。

現代の最先端宇宙論では、一三八億年前、この宇宙が誕生したと述べている。

では、その前には、何があったのか。

そこには、何も無かった。

ただ、「真空」だけがあった。

この「真空」とは、専門用語で「量子真空」と呼ばれるもの。

この「量子真空」が、あるとき、ふと「ゆらぎ」を起こした。

その瞬間、この「量子真空」が、極微小の宇宙を生み出し、それが、急激に膨張し始めたのである。

このプロセスを論じた科学理論が、佐藤勝彦やアラン・グースらが提唱する「**インフレーション宇宙論**」と呼ばれるもの。

そして、その直後、この宇宙の萌芽が、**大爆発**（**ビッグバン**）を起こし、現在の宇宙が誕生した。

このプロセスを論じた科学理論が、ジョージ・ガモフらによって提唱された「**ビッグバン宇宙論**」と呼ばれるもの。

次いで、ビッグバンを起こしたこの宇宙は、光の速さで膨張し、一三八億年かけて、現在のような壮大な広がりを持つ宇宙になった。

そして、その宇宙の片隅に、太陽という恒星が生まれ、その一つの惑星であるこの地球に、様々な生命が生まれ、豊かな生態系が生まれ、そして、我々人類が生まれた。

このように、この壮大な宇宙、森羅万象の宇宙は、すべて、この「量子真空」から生まれたのである。

無限のエネルギーが潜む「量子真空」

これは、すなわち、この「量子真空」の中には、**この壮大な宇宙を生み出せるほどの莫大なエネルギーが潜んでいる**ということに他ならない。

そして、この「量子真空」は、いまも、我々の身の回りに、この宇宙のすべての場所に、普遍的に存在しているのであり、これは、別な表現をすれば、**我々の生きているこの世界の「背後」に、「量子真空」と呼ばれる、無限のエネルギーに満ちた世界が存在している**

ということである。

このように、現代科学の最先端の量子物理学においては、**何もない「真空」の中にも、莫大なエネルギーが潜んでいる**ことが明らかにされているのであるが、このことは、「真空」を「無」と考える一般の常識からすると、なかなか理解できないことであろう。

なぜなら、密閉された容器の中から空気を含むすべての物質を外に吸い出し、容器の中を完全な「真空」の状態にしても、なお、その「真空」の中には、莫大なエネルギーが存在しているのである。そして、このエネルギーのことを、量子物理学では「ゼロ・ポイント・エネルギー」と呼んでいるのである。これは、たしかに、我々の常識を超えている。

では、この「莫大なエネルギー」とは、どれほど莫大か。

これには、様々な試算があるが、例えば、ノーベル物理学賞を受賞したリチャード・ファインマンの計算によれば、一立方メートルの空間に潜むエネルギーは、世界のすべての海の水を沸騰させることができるほどの量であるとされている。

また、最新の「量子真空」の研究によれば、このエネルギーは「無限」であるとの理論も提示されている。

この宇宙のすべての情報を記録する「ゼロ・ポイント・フィールド」

さて、ここまでは、現代の科学が認める「事実」である。

そして、ここからが、現代の最先端科学が示している「仮説」である。

そこで、この「仮説」を詳しく論じる前に、その内容を、もう少し正確に説明するならば、この「ゼロ・ポイント・フィールド仮説」とは、この宇宙に普遍的に存在する「量子真空」の中に「ゼロ・ポイント・フィールド」と呼ばれる場があり、この場に、この宇宙のすべての出来事のすべての情報が、**「波動情報」として「ホログラム原理」で「記録」されているという仮説なのである。**

では、なぜ、この「量子真空」の中の「ゼロ・ポイント・フィールド」に、この宇宙のすべての出来事のすべての情報が記録されているのか。

それは、誰もが、最初に抱く疑問であろう。

筆者も、最初にその疑問を抱いた。

そして、それが「デジタル情報」として記録されているなどという仮説であれば、筆者は、この仮説を一笑に付したであろう。まともに議論もしなかったであろう。

しかし、この仮説は、いま述べたように、この宇宙のすべての出来事のすべての情報が、「ゼロ・ポイント・フィールド」の中に、**「波動情報」として記録されている**という仮説なのである。

しかも、それは、**「波動干渉」を利用した「ホログラム原理」で記録されている**というのである。

そのことを知ったとき、筆者は、一人の原子力工学者として、この仮説が、決して一笑に付することのできないものであることを感じた。

なぜなら、**量子物理学的に見るならば、この世界のすべては「波動」**だからである。

こう述べると驚かれるかもしれないが、これは**「科学的事実」**である。

この世界に「物質」は存在しない、すべては「波動」である

すなわち、量子物理学的に見るならば、我々が「物質」と思っているものの実体は、すべて、「エネルギー」であり、「波動」に他ならず、それを「質量や重量を持った物質」や「固い物体」と感じるのは、実は、我々の日常感覚がもたらす「錯覚」にすぎない。

実際、我々は、自分自身の体も、この世界も、明確な「物質」として存在していると思っているが、実は、我々の体やこの世界は、すべて「原子」によって構成されており、そ

の原子は、さらに電子や陽子、中性子という素粒子によって構成されているのである。
そして、この素粒子の正体は、実は「エネルギーの振動」であり、「波動」に他ならない。

それゆえ、**量子物理学的に見るならば、我々が日常的に感じる「物質」というものは、本来、存在しない**のである。

例えば、ガラスを鉄の棒で叩いて、それが「固い物体」に感じるのは、鉄原子という「波動エネルギーの塊」が、ガラスを構成するシリカの原子や酸素の原子の「波動エネルギーの塊」と反発するからである。

すなわち、我々の目の前に広がる世界は、どれほど「強固な物質」に見えても、それを量子物理学のミクロの視点から見るならば、すべて「波動」に他ならない。

いや、それは、「**目に見える物質**」だけではない。

我々が、「**目に見えない意識**」と思っているものも、その本質は、やはり、すべてエネルギーであり、波動に他ならない。もし、我々の意識や心や精神というものが、量子的な現象であるとしても、脳内の神経細胞の電気信号であるとしても、いずれも、「波動エネルギー」に他ならないからである。

従って、この宇宙の「すべての出来事」とは、それが銀河系宇宙の生成であろうが、地球という惑星の誕生であろうが、ローマ帝国の興亡であろうが、あなたがこの地上に生を享《う》けたことであろうが、あなたの今朝の食事であろうが、その食事が美味いと思ったことであろうが、その本質は、量子物理学的に見るならば、すべて「波動エネルギー」なのである。

それゆえ、もし、「量子真空」の中に存在する「ゼロ・ポイント・フィールド」が、この宇宙で起こった「出来事」、すなわち「波動エネルギー」を、「波動情報」として記録しているのであれば、「ゼロ・ポイント・フィールド」が、この宇宙の「すべての出来事」を記録しているという仮説は、決して荒唐無稽な理論ではない。

しかし、こう述べても、まだ、あなたは、具体的なイメージが湧かないかもしれない。

そこで、この「**波動エネルギーを、波動情報として記録する**」ということの意味を、誤解を恐れず、分かりやすい譬えで説明しよう。

例えば、いま、静かな湖面の上を吹きわたる風を想像して頂きたい。

この場合、風は「空気の波動」であり、それが、湖面に「水の波動」である波を生み出す。それは、言葉を換えれば、「風」という波動エネルギーの痕跡が、「湖面の波」という波動情報として「記録」されるということである。

そして、湖面の上を、様々な「風」が吹きわたるならば、そのすべてが、「湖面の波」として「記録」されるだろう。

これが、現実世界（湖面の上）での「出来事」（風）を、ゼロ・ポイント・フィールド（湖面）が、「波動情報」（湖面の波）として記録するということのイメージである。

ただし、現実の風や湖面では「波動のエネルギー」が減衰してしまい、この波動の痕跡は、時間とともに消えてしまう。しかし、**ゼロ・ポイント・フィールドは「量子的な場」（Quantum Field）であるため、「エネルギーの減衰」が起こらない。**そのため、このフィールドに「記録」された「波動情報」は、永遠に残るのである。

このことの意味については、後ほど、別の譬えを用いて説明しよう。

このように、量子物理学の観点から見るならば、この宇宙で起こったすべての出来事は「波動」であり、そのすべてが、ゼロ・ポイント・フィールドに「波動情報」として記録されているという仮説は、それなりの合理性を持っているのである。

「ゼロ・ポイント・フィールド仮説」は荒唐無稽な理論ではない

しかし、「**ゼロ・ポイント・フィールドは、この宇宙のすべての出来事のすべての情報を、記録している**」ということを述べると、あなたは、その壮大さに戸惑い、荒唐無稽と感じられるかもしれない。

だが、先ほど述べたように、「量子真空」とは、そもそも、この壮大な宇宙を生み出した場であり、無限のエネルギーを宿している場なのである。そのことを考えるならば、

「ゼロ・ポイント・フィールドが、この宇宙のすべての出来事のすべての情報を、記録している」ということは、決して荒唐無稽な仮説ではない。

そして、思い起こして頂きたい。先ほど述べた「**ビッグバン宇宙論**」、この宇宙が遠い昔、大爆発によって誕生したという理論もまた、ジョージ・ガモフによって提唱されたとき、多くの科学者から「荒唐無稽」と言って批判されたのである。しかし、この「ビッグバン宇宙論」は、その後、アーノ・ペンジアスとロバート・ウィルソンらの「**宇宙背景放射**」の観測によって、それが事実である証拠が示されたのである。

さらに、現代の最先端宇宙論では、「**パラレル宇宙論**」(**並行宇宙論**)と呼ばれるものが議論されている。これは、我々の生きているこの宇宙以外に、複数の宇宙が存在しているという理論であるが、現代の最先端科学では、ある意味で「荒唐無稽の極み」のような理論が、真剣に議論されているのである。

また、小柴昌俊教授のノーベル賞受賞と、観測施設カミオカンデで、近年、注目されるようになった「**ニュートリノ**」も、そして、粒子加速器の発達で、その存在がようやく認められるようになった「**ヒッグス粒子**」も、その理論が提唱された当初は、その存在に多くの疑問が投げかけられていたのである。

そうした科学の歴史と現在の地平を考えるならば、筆者は、この「ゼロ・ポイント・フィールド仮説」は、決して非科学的な理論ではなく、真剣に議論し、検討するに値する科学的仮説であると考えている。

ちなみに、「宗教」の世界では、不思議なことに、この「ゼロ・ポイント・フィールド」と極めて似たビジョンが、遥か昔から語られている。

例えば、**仏教の**「**唯識《ゆいしき》思想**」においては、我々の意識の奥には、「**末那識《まなしき》**」と呼ばれる意識の次元があり、さらにその奥には、「**阿頼耶識《あらやしき》**」と呼ばれる意識の次元があるとされており、この「阿頼耶識」には、この世界の過去の出来事のすべての結果であり、未来のすべての原因となる「種子」が眠っているとされている。

また、「**古代インド哲学**」では、「**アーカーシャ**」の思想が語られており、この「アーカーシャ」とは、宇宙誕生以来のすべての存在について、あらゆる情報が「記録」されている場であるとされている。

これらの思想は、「ゼロ・ポイント・フィールド仮説」と極めて似た思想であるが、「**最先端の科学**」**と**「**古代の宗教**」**の間の、こうした不思議な一致**が、なぜ起こるのかについては、後ほど、その理由を語ろう。

さて、このように、「ゼロ・ポイント・フィールド仮説」は、それなりの合理性を持った理論であるが、現代の最先端科学の観点から見ると、もう一つの合理性を持っている。

フィールドに「ホログラム原理」で記録される「すべての波動」

なぜなら、先ほど述べたように、この「ゼロ・ポイント・フィールド仮説」とは、この「量子真空」の中に「ゼロ・ポイント・フィールド」と呼ばれる場があり、この場に、この宇宙のすべての出来事のすべての情報が、「**波動情報**」**として**「**ホログラム原理**」**で**「**記録**」**されている**という仮説だからである。

では、この「**ホログラム原理**」とは何か。
まず、これを専門的に説明すると次のようになる。

ホログラム原理とは、波動の「干渉」を使って波動情報を記録する原理のことであり、位相を変えた「波動」同士が互いに干渉するときに生まれる「干渉縞《じま》」を記録することによって、高密度の情報記録を可能にし、鮮明な立体映像の記録も可能にする原理である。

こう専門用語で述べても分かりにくいと思うが、最も分かりやすいイメージを伝えるのが、有名なSF映画『スター・ウォーズ』の冒頭で、主人公、ルーク・スカイウォーカーの前に、レイア姫が、小さな投影機から三次元の立体映像として浮かび上がるシーンである。あの立体映像を映し出す技術が、「ホログラム原理」に基づくホログラフィー技術である。

この原理を科学的に説明することが本書の目的ではないので、ここでは、この「**ホログラム原理**」**の持つ**「**二つの優れた特長**」について、理解して頂ければ十分かと思う。

第一の特長は、この「ホログラム原理」を用いると、**極めて高密度の情報記録が可能になる**。すなわち、角砂糖ほどの大きさの媒体に、国会図書館の全蔵書の情報が収められるほど、膨大な情報を記録することができるのである。

従って、もし「ゼロ・ポイント・フィールド」が、「ホログラム原理」で、この宇宙の出来事の情報を記録しているのであれば、無限に近い膨大な情報を記録することが可能なのである。

第二の特長は、この「ホログラム原理」を用いると、記録した情報が、記録する媒体の「すべての場所」に保存されているため、**媒体の「一部」からも「全体情報」が取り出せるのである**。実際、三次元の映像を記録したホログラフィーのフィルムは、その一部を切り取っても、そこから全体の像が再現できる。解像度は落ちるが、再現できるのである。

従って、もし「ゼロ・ポイント・フィールド」が、「ホログラム原理」で、この宇宙の出来事の情報を記録しているのであれば、フィールドの「一部」に繋がるだけで、フィールドに記録された「全体情報」に触れることができるのである。

このように、この「ホログラム原理」は、情報記録の原理として極めて優れた原理であるが、実は、それだけでなく、この原理は、**我々の生きているこの宇宙や、この世界の根底にある基本原理**でもある。

それゆえ、この原理を理解することは、現代の科学が直面している様々な「謎」を解明するためにも、大切な意味を持っているのであるが、そのことを語るのは、本書のテーマを超えるので、別の機会に譲りたい。

ただ、我々の生きるこの宇宙や、この世界の「**ホログラム的構造**」、すなわち、「**部分の中に、全体が宿る**」という不思議な構造については、これも、昔から、古い宗教的叡智や詩人の神秘的直観が、その本質を洞察している。

例えば、仏教の経典『華厳経』においては、「**一即多　多即一**」の思想が語られており、英国の神秘詩人、ウィリアム・ブレイクは、「**一粒の砂の中に、世界を見る**」という言葉を語っている。

さて、以上述べてきたように、この世界の真の姿は、すべて「波動エネルギー」に他ならず、この宇宙で起こった出来事の情報とは、すべて、その「波動エネルギー」の軌跡に他ならない。

それゆえ、この宇宙の中で起こったすべての出来事、すなわち、「波動エネルギー」のすべての軌跡が、「量子真空」の中の「ゼロ・ポイント・フィールド」に「波動情報」として記録されているという仮説は、科学的に見ても、それなりの合理性を持っていると言える。

ゼロ・ポイント・フィールド内で「波動情報」は永遠に残り続ける

そして、この「量子真空」の中の「ゼロ・ポイント・フィールド」に、この宇宙のすべての出来事のすべての情報が「波動情報」として記録されるということには、科学的に見て、もう一つの合理性がある。

それは、先ほど述べたことであるが、「ゼロ・ポイント・フィールド」という「量子的な場」においては、「エネルギーの減衰」が起こらないからである。

すなわち、この「ゼロ・ポイント・フィールド」に「波動」として記録された情報は、決して、エネルギーの減衰に伴って消えてしまわないのである。言葉を換えれば、どれほど時間が経過しても、消えてしまわないため、**「ゼロ・ポイント・フィールド」に記録された情報は、永遠に残り続ける**のである。

では、それは、何を意味しているのか。

そのことを理解して頂くために、また、分かりやすい譬えをしてみよう。

昔から、アマチュア無線を楽しむ人々がいるが、これは、法律的な認可を受けたうえで、個人で無線局を開設し、ある周波数帯で、電磁波による波動情報を発信、受信し、それによって、自由に様々な音声メッセージを送り、また、様々な音声メッセージを受け取ることができるものである。

例えば、米国のSF映画『コンタクト』では、俳優のジョディ・フォスターが演じる主人公、エリー・アロウェイが、子供の頃、このアマチュア無線を使って、世界中の人々と通話を楽しむ場面が出てくるが、このアマチュア無線では、電波さえ届けば、地球の反対側から送られてくるメッセージを受信することも、地球の反対側にメッセージを送信することもできるのである。

しかし、当然のことながら、この無線に使われるのは「電磁波」であるため、**距離が遠ければ、その波動エネルギーは減衰し、時間が経てば、その波動エネルギーは消失してしまう。**

だが、もし、仮に、この電磁波の波動エネルギーが、決して減衰することが無ければ何が起こるだろうか。

我々の目の前にある空間の中を、無数の波動エネルギーが飛び交い続けることになる。

それは、すなわち、現在、通信している自分のメッセージと相手のメッセージだけでなく、一〇年前に発信された自分のメッセージも、五〇年前に地球の裏側から発信された誰かのメッセージも、さらには、これまで、地球上で電波として発信されたすべてのテレビ、ラジオの情報も、そのすべてが、「波動エネルギー」、すなわち「波動情報」として飛び交い続けることを意味している。

そして、もし、我々が、それらの「波動情報」に、周波数を合わせることができるならば、瞬時に、過去から現在に至るまで発信されたすべての「波動情報」を受信できることを意味している。

しかし、現実には、アマチュア無線やテレビ、ラジオの情報は、電磁波によって送られているため、距離や時間によって減衰し、こうしたことは決して起こらない。

だが、**量子真空の「ゼロ・ポイント・フィールド」が記録する情報は、「量子的波動」であるため、減衰が起こらない。**それゆえ、このフィールドに記録される情報は、この宇宙の過去から現在までのすべての出来事のすべての情報であり、その情報は「ゼロ・ポイント・フィールド」が存在するかぎり、永遠に存在し続けるのである。

そのため、もし、我々が、何らかの方法で、**「ゼロ・ポイント・フィールド」に繋がることができるならば、我々も、この宇宙の過去から現在までのすべての出来事のすべての情報に触れることができる**のである。

このように、「ゼロ・ポイント・フィールド仮説」は、この宇宙の中で起こったすべての出来事のすべての情報が、「量子真空」の中の「ゼロ・ポイント・フィールド」に、「波動情報」として永遠に記録されているという仮説であるが、これは、先ほども述べたように、**量子真空が、一三八億年前に、この壮大な森羅万象の宇宙を生み出した場であり、その中に、無限のエネルギーを宿している場であること**を考えるならば、不思議な説得力を持った仮説である。

しかし、ここまで述べて、なお、筆者は、この「ゼロ・ポイント・フィールド」の持つ、さらに重要な性質、不思議な性質について、述べなければならない。

なぜ、フィールドには「未来の情報」も存在するのか

驚かずに聞いて頂きたいが、実は、この「ゼロ・ポイント・フィールド」に存在するのは、「**過去から現在までの出来事**」の情報だけでなく、「**未来の出来事**」の情報も存在するのである。

しかし、こう述べると、すぐに、あなたは、次の疑問を持たれるだろう。

「いま、『未来の出来事』の情報と言ったが、未来とは『未だ来たらず』という意味であり、まだ存在していないから『未来』ではないのか？」

たしかに、「未来」とは「未だ来たらず」という意味の言葉であり、「過去」とは、「すでに過ぎ去った」という意味の言葉である。そのため、我々は、「過去」とは、一度生起し、存在したものであるが、「未来」とは、まだ生起しておらず、存在していないものであると考える。

そして、この「**時間は過去から未来に向かって一方向に流れていく**」という感覚は、我々の日常感覚そのものでもあるため、我々は、「未来とは、まだ、存在していないもの」

であるということを「常識」と思っている。

筆者の日常感覚も、当然ながら、その通りである。

しかし、実は、この「ゼロ・ポイント・フィールド」においては、そこに記録されている「過去から現在までの出来事」の情報を知ると、「未来の出来事」の情報も知ることができるのである。言葉を換えれば、「過去」から「現在」までのすべての出来事の「波動情報」が分かるということは、実は、その先に展開していく「未来」の出来事も、ある種の「波動情報」として予測できるのである。

このことを、また、分かりやすい譬えで、説明しよう。

「現在の波動情報」から分かる「未来の波動情報」

いま、静かな水面の池に、石を三つ投げ込んだとする。

すると、当然のことながら、その三つの石は、それぞれ、池の水面に波を起こし、三つの波の輪を作り出すだろう。そして、この波の輪は、時間とともに次第に広がっていくが、現在の瞬間の三つの波の輪の状態が分かれば、それらが、この後、どのように広がっていき、三つの波が、どのように互いに影響を与え合うか、その結果、どのように波の形を変えていくかは、ある程度、予測できる。さらには、これらの三つの波の輪が、池の岸辺に当たり、反射することによって、どのような波を生み出していくかも、ある程度、予測できる。従って、一つの水面を様々な波が行き交うとき、それらの波の現在の状態が分かれば、それらの波が、これから、互いに、どう影響を与え合い、それぞれ、どのように変化していくか、その未来を予測することもできるのである。

同様に、**「ゼロ・ポイント・フィールド」においても、「過去」と「現在」の瞬間の波の状態（波動情報）が分かれば、「未来」の波の状態（波動情報）も、ある程度、予測できるのであり、**従って、「ゼロ・ポイント・フィールド」に存在する情報とは、「過去」と「現在」の出来事だけでなく、実は、「未来」の出来事の情報も含まれるのである。

ただし、こうした「未来」の予測は、現実世界では、不可能に近い。

なぜなら、現実世界では、「過去から現在に至る出来事」の情報のうち、手に入る情報が、極めて限られているからである。

しかし、**「ゼロ・ポイント・フィールド」においては、「過去から現在に至る出来事」についても、膨大な情報が存在しており、**もし、我々の意識が「ゼロ・ポイント・フィールド」に繋がるならば、それらの膨大な情報に触れることができるため、「未来に起こる可能性のある出来事」についても、知ることができるのである。

例えば、第四話では、一九八四年に、筆者が「このスペースシャトル計画は、上手くいかない！」との「嫌な予感」を覚えたこと、その予感通り、二年後の一九八六年に、スペースシャトルが爆発事故を起こしたことを紹介したが、実は、この事故の原因となった「Oリングの欠陥」は、すでに一九七七年の段階で、NASAの幹部によって認識されていた。そして、残念ながら、適切な対策が為されていなかったのである。

もとより、この情報を、一九八四年の段階で筆者は知る由も無かったが、もし、筆者の無意識が「ゼロ・ポイント・フィールド」を通じて、この情報に触れていたならば、「未来に起こる可能性のある出来事」を感じ取り、あの「嫌な予感」として、それを感じ取った可能性は、あるだろう。

このように、「ゼロ・ポイント・フィールド」においては、「過去から現在に至る出来事」について、膨大な情報が存在しており、もし、我々の意識が「ゼロ・ポイント・フィールド」に繋がるならば、それらの膨大な情報に触れることができるため、**「未来に起こる可能性のある出来事」についても、知ることができる**のである。

そして、それが、我々の人生において、**「予感」や「予知」や「占い的中」といった「不思議な出来事」が起こる理由**でもある。

我々の「未来」と「運命」は、すでに決まっているのか

しかし、こう述べると、あなたは、さらに、次の疑問を持たれるかもしれない。

**「ゼロ・ポイント・フィールドに、『過去』と『現在』だけでなく、『未来』の情報も存在するということは、我々の人生の『未来』は、すべて決まってしまっているのか？
我々の『運命』は、すべて決まってしまっているのか？」**

これも、当然の疑問であろう。

しかし、この疑問に対する筆者の答えは、「**否、我々の人生の未来は、決まっていない**」である。

なぜなら、「ゼロ・ポイント・フィールド」に存在する「未来」に関する情報は、先ほど述べたように、「過去から現在に至る様々な出来事」の情報の組み合わせから生まれてくる、「**起こり得る様々な未来**」についての情報であり、我々の意識が「ゼロ・ポイント・フィールド」に繋がることによって「予感」され、「予知」される未来は、それらの様々な未来の中で、「**最も起こりそうな未来**」だからである。

従って、**現在の我々の行動が変わることによって**、さらには、**関係する人々の行動が変わることによって、その「最も起こりそうな未来」ではない、別の未来が実現することも**

大いにある。

実際、世の中には、未来の出来事を夢の中で見る「**予知夢**」というものがあるが、この「予知夢」を見た結果、それが現実になった事例と、「予知夢」を見て行動を変えた結果、それが現実になることを回避した事例の両方が存在する。

前者の事例としては、米国のリンカーン大統領が、暗殺される一週間前に、自分が暗殺される夢を見たことは、良く知られているが、一方で、自分が乗った船が沈む夢を見て、乗船を取りやめたら、その船は沈んだが、自分は助かったという事例も存在する。

このように、「ゼロ・ポイント・フィールド」には、「過去から現在に至る様々な出来事」の情報が存在し、それらの組み合わせから生まれてくる「起こり得る様々な未来」についての情報も存在する。

それゆえ、もし、我々の意識が、この「ゼロ・ポイント・フィールド」に繋がることができるならば、「未来」を「予感」したり、「予知」したり、「占い」を行ったりすることは、ある程度、できるのである。

ただし、そこで「予感」や「予知」や「占い」をされる未来は、「起こり得る様々な未来」の中で、「最も起こりそうな未来」であるため、我々の行動や他の人々の行動によっては、その「予感」や「予知」や「占い」が現実化しないということは、当然、起こる。

それが、「自分が乗った船が沈む夢を見て、乗船を取りやめたら、その船は沈んだが、自分は助かった」といったことが起こる理由である。

「相対性理論」では、過去、現在、未来は、同時に存在している

ただし、この「未来」ということを論じるとき、我々が、最先端科学の観点から、一つ、理解しておくべきことがある。

あなたは、驚かれるかもしれないが、敢えて、このことも述べておこう。

それは、現代物理学の世界では、「過去」「現在」「未来」というものを、どう捉えてい

るかということである。

実は、現代物理学の世界では、「過去」「現在」「未来」は、「同時に」存在しているものとされている。

実際、アインシュタインは、歴史的な業績である「**相対性理論**」において、我々が生きる三次元の「空間」に、第四の次元として「時間」を加え、**四次元の「時空連続体」(Space-Time Continuum)**という考え方を提唱しており、この「時空連続体」においては、「過去」「現在」「未来」は、同時に存在するものとして扱われている。

また、現代の最先端物理学者、ポール・デイヴィスは、「時間」というものを「**タイムスケープ**」(**Time-Scape**)として捉えている。それは、丁度、「ランドスケープ」(Land-Scape)、すなわち「風景」と同様、地図を広げると、すべての山や河や地形が一目で見て取れるように、**この宇宙の空間的な広がりのすべてと、宇宙の時間的広がり（歴史）のすべてが、一目で見て取れるものである。**

この「タイムスケープ」においても、「過去」「現在」「未来」は、同時に存在するものとして捉えられており、「ゼロ・ポイント・フィールド」の中では、「過去」「現在」「未来」の情報は、おそらく、こうした「タイムスケープ」のような形で存在していると考えられる。

ちなみに、この「タイムスケープ」のイメージを見事に語ったのが、クリストファー・ノーラン監督のSF映画『インターステラー』である。

この映画において、俳優のアン・ハサウェイが演じる、科学者であり宇宙飛行士である主人公、アメリア・ブランドは、次の言葉を語っている。

「五次元の存在は、谷を下るように過去へ、山を登るように未来へ行ける」

もとより、我々人類は「五次元の存在」ではないが、このように、現代物理学における時間の捉え方は、我々一般の人間の「日常感覚」としての時間の捉え方とは、大きく異なっているため、「過去」「現在」「未来」が「同時」に存在していると言われると、強い戸惑いを覚える。

しかし、ひとたび、この捉え方を受け入れると、なぜ、我々が「予感」や「予知」「占い的中」といった体験をするのか、全く違った次元で、その理由を理解することができる。

そして、さらに、あなたは信じられないかもしれないが、もし、「過去」「現在」「未来」が「タイムスケープ」のような形で「同時」に存在しているのであれば、**我々は、「現在」の行動を変えることによって「未来」を変えることができるだけでなく、実は、「過去」も変えることができる**のである。

しかし、このことを論じるのは、本書のテーマ「死は存在しない」を大きく外れるので、次の機会に委ねよう。

ちなみに、アインシュタインが、友人との書簡の中で、次の言葉を残していることは、良く知られている。

「我々物理学者にとっては、過去、現在、未来というものは幻想なのです。それが、どれほど確固としたもののように見えても、幻想にすぎないのです」

二一世紀、科学が検証すべき「ゼロ・ポイント・フィールド仮説」

さて、以上が、現代科学の最先端、量子物理学の世界で論じられている「ゼロ・ポイント・フィールド仮説」であり、この仮説に基づく、筆者の考えであるが、もとより、この理論は、現時点では、あくまでも「仮説」である。

それゆえ、筆者は、これから、この「ゼロ・ポイント・フィールド仮説」が、多くの科学者によって検討され、研究され、検証されていくことを願っている。

　そのことを述べたうえで、では、**なぜ、我々の意識が、この「ゼロ・ポイント・フィールド」に繫がることができるのか**、そして、そのフィールド内にある、**「宇宙のすべての出来事の情報」や「過去、現在、未来の出来事の情報」に繫がることができるのか**、次に、そのことを語ろう。

第六話

なぜ、我々の意識は「フィールド」と繋がるのか

ノーベル賞学者ペンローズの「量子脳理論」が解き明かす「意識の謎」

なぜ、我々の意識が、この「ゼロ・ポイント・フィールド」に繋がることができるのか。

そして、そこに記録されている「宇宙のすべての出来事の情報」や「過去、現在、未来の出来事の情報」に繋がることができるのか。

その理由は、**我々の「意識の場」である脳や身体は、この「ゼロ・ポイント・フィールド」と量子レベルで繋がることができる**からである。

そのため、脳や身体の、ある特殊な状況においては、我々は、「ゼロ・ポイント・フィールド」から情報を受け取ることができ、このフィールドに情報を送ることができるのであり、その特殊な状況において、我々の脳や身体は、「宇宙のすべての出来事の情報」や「過去、現在、未来の出来事の情報」に繋がることができるのである。

こう述べると、あなたは、やはり驚かれるかもしれない。

たしかに、これは、我々の日常感覚では理解し難い考えであるが、実は、現代の最先端脳科学の世界では、この仮説を裏づける「**量子脳理論**」(**Quantum Brain Theory**)に注目が集まっている。

この理論は、「車椅子の天才科学者」と称されたスティーヴン・ホーキングと共に「ブラックホールの特異点定理」を証明した、英国の理論物理学者、ロジャー・ペンローズによって提唱されているものである。

ペンローズは、二〇二〇年のノーベル物理学賞を受賞した科学者であるが、彼は、この「量子脳理論」において、我々の脳の中で起こっている情報プロセスが、「**量子的プロセス**」であるとの仮説を提唱しており、この理論は、その観点から、我々の脳の働きや意識の問題を解明しようとするものである。

従って、もし、この「量子脳理論」が正しく、我々の脳が、そのコミュニケーションに量子的プロセスを使っているのであれば、脳が「ゼロ・ポイント・フィールド」と量子レベルで繋がっているということも、大いにあり得ることであり、科学的に見れば、それなりの合理性を持った仮説である。

ただし、この第六話の冒頭、筆者が、「**脳**」ではなく「**脳と身体**」と書いたのは、脳科学の研究が進んだ現在でも、「意識」や「心」や「精神」というものが「脳」の作用から生まれてくるものなのか、それとも、「**身体全体**」の作用から生まれてくるものなのか、さらには、それ以上の何かなのかが、明らかになっていないからである。

この点は、前述の「量子脳理論」とともに、「**量子生物学**」の分野が進展することによって明らかになっていくであろうが、筆者は、「脳」だけでなく、「身体全体」が、量子的プロセスでコミュニケーションを行っている可能性もあると考えている。そして、その場合、我々の「身体全体」が「ゼロ・ポイント・フィールド」に繋がっている可能性があり、このことは、我々の「病気の発生」や「病気の治癒」の問題に、全く新たな視点を開くことになるだろう。

例えば、『時間・空間・医療』（原題：『Space, Time & Medicine』）などの著作で世界的に知られる、医学博士のラリー・ドッシーは、世の中に存在する様々な「遠隔治療」(Remote Healing) の例を報告している。

これは、遠く離れた場所から「治癒を祈る想念」を送ることによって、患者の治癒を促すという治療法であるが、一見、非科学的と思われるこの技法が、一定の治癒効果があることは、様々な臨床例で報告されている。

しかし、この「遠隔治療」が起こる理由を、「ゼロ・ポイント・フィールド仮説」によって科学的に説明しようとすると、どうしても、「身体全体」が量子的プロセスでコミュニケーションを行っていることを、想定せざるを得ないからである。

ただ、この問題を論じることは、本書のテーマから外れるので、別の機会に譲りたい。

さて、話が広がったが、このように、「量子脳理論」の仮説や「量子生物学」の今後の発展を考えるならば、いずれ、我々の「脳」が、さらには、我々の「身体」が、量子的プロセスで「ゼロ・ポイント・フィールド」に繋がっているという仮説は、十分、科学的検討に値するものであろう。

そして、我々の「意識の場」である「脳や身体」が「ゼロ・ポイント・フィールド」に繋がっているとすれば、第三話で述べた、「直観」「以心伝心」「予感」「予知」「占い的中」「シンクロニシティ」「コンステレーション」などの「意識の不思議な現象」が、なぜ生まれるのか、その説明が可能になるだろう。

すなわち、我々の多くが体験する、これらの「意識の不思議な現象」は、我々の「意識」が、この「ゼロ・ポイント・フィールド」と繋がることを通じて、必要な情報や知識や叡智を引き寄せることによって起こり、また、この「ゼロ・ポイント・フィールド」を介して、互いの「意識」が結びつくことによって起こる現象であると考えられる。

このことについては、第七話で、さらに詳しく語ろう。

我々の意識の世界に存在する「五つの階層」

ただし、ここで誤解してはならないことがある。

それは、我々の「意識」が、この「ゼロ・ポイント・フィールド」に繋がると言っても、我々の表面意識の世界が、直接、このフィールドに繋がるわけではないということである。

それが、先ほど、「ある特殊な状況においては」と述べた理由であるが、では、我々の、どのような「意識の世界」が、このフィールドに繋がることができるのか。

そのことを知るためには、現代心理学の最前線にある「トランスパーソナル心理学」（**超個心理学**）などの知見を踏まえ、我々の「**意識の世界**」が「**階層構造**」になっていることを理解する必要がある。

もとより、「意識」という、極めて複雑な、そして、精妙極まりない世界を、簡単に構造化して語ることは、様々な誤解も生まれるが、ここでは、本書のテーマの理解を容易にするために、できるだけ分かりやすく述べておこう。

我々の「**意識の世界**」には、大きく次の「**五つの階層**」がある。

日常生活の雑音に溢れた「表面意識」の世界

第一の階層は、「**表面意識**」の世界である。

これは、我々が、日常生活を送り、日々の仕事に取り組むときに最も活性化している意識の世界であるが、この世界では、我々の「**自我**」（**エゴ**）が中心になって動くため、しばしば、不満や怒り、不安や恐れ、嫌悪や憎しみ、妬みや怨恨などの「ネガティブな想念」が生まれ、渦巻く世界でもある。

そして、この表面意識の世界の「**ネガティブな想念**」は、「雑音」となって、我々の意識がゼロ・ポイント・フィールドに繋がることを大きく妨げる。

それが、古今東西の宗教において、神や仏や天に通じるためには、「祈り」や「瞑想」を実践することによって、「ネガティブな想念」を持たず、澄み切った心境でいることが大切であるとされる理由でもある。

そして、この「澄み切った心境」を実現すると、我々の意識は、次の「静寂意識」と呼ばれるものになっていく。

祈りや瞑想によって生まれる「静寂意識」の世界

従って、第二の階層は、「**静寂意識**」の世界である。

これは、我々が、日常の生活や仕事から離れ、「静寂」を保っているときの意識の世界であるが、この世界では、我々の「自我」（エゴ）の活動は、比較的、静まっており、不満や怒り、不安や恐れ、嫌悪や憎しみ、妬みや怨恨などの「ネガティブな想念」も、消えている。

そのため、この「静寂意識」の世界は、しばしば、ゼロ・ポイント・フィールドに繋がりやすくなるが、それが、先ほど述べたように、昔から、宗教的な人々や精神性を大切にする人々が、**「祈り」や「瞑想」などの「心の技法」**を積極的に実践し、それを習慣とする理由でもある。

そして、こうした「心の技法」を適切に実践するならば、この「静寂意識」の世界では、自分の心を静かに見つめる**「もう一人の自分」**が現れてくる。

この「もう一人の自分」は、心の中の「自我」（エゴ）の動きを、決して抑圧せず、否定も肯定もせず、ただ静かに見つめる存在である。

そのため、この「もう一人の自分」が現れてくると、「自我」（エゴ）の動きは静まり、「ネガティブな想念」も消えていく。その結果、我々の意識は、ゼロ・ポイント・フィールドに繋がりやすくなり、そこから必要な情報や知識や叡智を得ることができるため、適切な**「直観」**が降りてくるようになる。

この「もう一人の自分」を、筆者は、「**賢明なもう一人の自分**」、もしくは、「**賢我**」と呼んでいる。

なお、拙著『直観を磨く』では、このゼロ・ポイント・フィールドと繫がり、適切な「直観」が降りてくるようにするための、具体的な「心の技法」について述べている。

運気の「引き寄せ」が起こる「無意識」の世界

第三の階層は、「**無意識**」の世界である。

これは、「表面意識」や「静寂意識」の奥にある、我々自身が気づいていない意識の世界であるが、この「無意識」の世界は、古今東西の「**運気論**」において共通に語られる「**引き寄せの法則**」(Law of Attraction)が支配する世界でもある。

すなわち、この「**無意識**」**の世界では、ゼロ・ポイント・フィールドを通じて、「類似**

の情報」を引き寄せるため、この世界に「ネガティブな想念」があると、「ネガティブな情報」を引き寄せ、結果として、「ネガティブな出来事や出会い」を引き寄せ、「悪い運気」を引き寄せてしまう。逆に、この世界に「ポジティブな想念」があると、「ポジティブな情報」を引き寄せ、結果として、「ポジティブな出来事や出会い」を引き寄せ、「良い運気」を引き寄せることができる。

従って、この「無意識」の世界では、「引き寄せの法則」によって、不思議な「**直観**」や「**シンクロニシティ**」「**コンステレーション**」などの現象が起こる。

なお、拙著『運気を磨く』においては、このゼロ・ポイント・フィールドと繋がることによって、「良い運気」を引き寄せる「心の技法」について述べており、具体的には、「無意識」の世界の「ネガティブな想念」を「ポジティブな想念」へと陽転し、「**無意識」の世界を「浄化」する技法**を述べている。

そして、この「浄化」によって、「無意識」の世界に「ネガティブな想念」が無くなり、「自我」（エゴ）の動きが静まったとき、いわゆる「**無我**」と呼ばれる状態が現れてくる。

無意識と無意識が繋がる「超個的無意識」の世界

第四の階層は、「**超個的無意識**」の世界である。

いま、我々の心の奥深くの「無意識」の世界について述べたが、この「無意識」の世界のさらに奥深くに、我々の「無意識」がゼロ・ポイント・フィールドを通じて互いに繋がった世界がある。

その世界を、ユング心理学では「**集合的無意識**」(Collective Unconscious) と呼び、トランスパーソナル心理学では「**超個的無意識**」(Transpersonal Unconscious) と呼んでいる。

従って、この「超個的無意識」の世界では、「**直観**」や「**シンクロニシティ**」「**コンステレーション**」はもとより、「**以心伝心**」など、我々の心が繋がったように思える「**超個的な現象**」が起こる。

そして、この「超個的無意識」の世界においては、一人一人の「自我」や「賢我」を超え、「無我」をも超えた、「**超我**」と呼ぶべき自己が現れてくる。

時間と空間を超えて繋がる「超時空的無意識」の世界

第五の階層は、「**超時空的無意識**」の世界である。

これは、我々の「無意識」がゼロ・ポイント・フィールドを通じて**互いに繋がった**「超個的無意識」の状態をさらに超え、我々の「無意識」がゼロ・ポイント・フィールドと**深く結びついた**意識の世界である。

ここで「**超時空的**」と称するのは、ゼロ・ポイント・フィールドには、「過去、現在、未来の出来事の情報」も存在するため、我々の「無意識」は、「個人」を超え、「空間」を超えた情報とともに、「時間」をも超えた情報と繋がるからである。

特に、我々の「無意識」がフィールドと深く結びつき、この「超時空的無意識」の状態になると、「未来」に関する情報をも感得するため、「**直観**」「**シンクロニシティ**」「**コンステレーション**」「**以心伝心**」に加えて、いわゆる「**予感**」や「**予知**」「**占い的中**」といった「未来を知る」という体験が起こる。

そして、この「超時空的無意識」の世界では、我々の中から、「自我」や「賢我」を超え、「無我」や「超我」も超え、昔から東洋思想で語られる「**真我**《しんが》」と呼ばれるものが現れてくる。

「意識の五つの階層」と「死後の意識の変容」

さて、少し難しい話になったが、できるだけ分かりやすく説明させて頂いた。

おそらく、我々の「意識の世界」の階層構造と、それぞれの階層の持つ性質については、理解して頂けたのではないだろうか。

そして、我々の「意識の階層」が、どのようにゼロ・ポイント・フィールドと結びつくかを理解して頂けたのではないだろうか。

ここで、もう一度、この「**意識の五つの階層**」について、整理して示しておこう。

第一の「**表面意識**」の世界は、日常生活において「**自我**」（**エゴ**）が活発に活動している世界であり、そのため、我々の意識は、ゼロ・ポイント・フィールドには繋がりにくい。

第二の「**静寂意識**」の世界は、祈りや瞑想によって「自我」の活動が静まっている世界であり、「**賢我**」（賢明なもう一人の自分）が現れてくる世界である。そのため、この世界では、我々の意識は、ときおり、ゼロ・ポイント・フィールドに繋がることが起こり、不思議な「**直観**」が降りてくるようになる。

第三の「**無意識**」の世界は、「**無我**」とも呼ばれる世界であり、この世界では、我々の意識は、ゼロ・ポイント・フィールドに繋がるため、様々な情報や知識や叡智が流れ入ってくる。そのため、この世界では、「**シンクロニシティ**」や「**コンステレーション**」と呼ばれる不思議な現象が起こるようになる。

第四の「**超個的無意識**」の世界は、「**超我**」とも呼ばれる世界であり、この世界では、我々の意識は、さらに深くゼロ・ポイント・フィールドと繋がるため、このフィールドを通じて、様々な人々の無意識が広く繋がっていく。そのため、この世界では、「**以心伝心**」などの不思議な現象が起こるようになる。

第五の「**超時空的無意識**」の世界は、「**真我**」と呼ばれる世界であり、この世界では、我々の意識は、ゼロ・ポイント・フィールドと一体となるため、時間と空間を超えて、様々な情報や知識や叡智が集まってくる。そのため、この世界では、「**予感**」や「**予知**」「**占い的中**」などの不思議な現象が起こるようになる。

これらが、「意識の五つの階層」と、それぞれの性質であるが、このうち、「**静寂意識**」「**無意識**」「**超個的無意識**」「**超時空的無意識**」**の四つの階層が、ゼロ・ポイント・フィー**

ルドに繋がることができる「意識の状態」である。

そして、この「**意識の五つの階層**」を理解しておいて頂くと、この後、第八話から第一一話で語る「**死後の我々の意識の変容**」が理解しやすくなるだろう。

さて、以上が、**なぜ、我々の脳や身体が、そして意識が、この「ゼロ・ポイント・フィールド」に繋がることができるのか**の説明であり、そして、**なぜ、我々の意識が、ゼロ・ポイント・フィールドに記録されている「宇宙のすべての出来事の情報」や「過去、現在、未来の出来事の情報」に繋がることができるのか**の説明である。

従って、もし、この「ゼロ・ポイント・フィールド仮説」が正しいならば、人類数千年の歴史の中で、無数の人々が体験してきた「意識の不思議な現象」、すなわち、「直観」や「以心伝心」、「予感」や「予知」や「占い的中」、「シンクロニシティ」や「コンステレーション」といった現象が、我々の意識が「ゼロ・ポイント・フィールド」に繋がることによって起こる現象に他ならないことが理解できるだろう。

では、次の第七話で、このことを、もう少し具体的に論じよう。

第七話

フィールド仮説が説明する「意識の不思議な現象」

なぜ、フィールドでは「類似の情報」が集まってくるのか

前話では、なぜ、我々の脳や身体が、そして意識が、この「ゼロ・ポイント・フィールド」に繋がることができるのか。そして、そこに記録されている「宇宙のすべての出来事の情報」や「過去、現在、未来の出来事の情報」に繋がることができるのかを、「**量子脳理論**」や「**トランスパーソナル心理学**」の考えを用いて説明した。

従って、もし、こうした仮説が正しいならば、我々が日常的に体験する「**意識の不思議な現象**」、「直観」や「以心伝心」、「予感」や「予知」や「占い的中」、「シンクロニシティ」や「コンステレーション」といった現象が起こる理由を、合理的に説明することができる。

では、最初に、あなたが抱かれるであろう、一つの疑問を考えてみよう。

前話では、古今東西の「運気論」においては、「**引き寄せの法則**」というものが共通に語られているが、その理由は、「**無意識」の世界では、ゼロ・ポイント・フィールドを通じて、「類似の情報」が集まってくる**からであると述べた。

では、なぜ、フィールドに繋がると、「類似の情報」が集まってくるのか。

それは、「無意識」の世界で、何かを「**想う**」ということは、その「想念」に関連した情報を「**探す**」ことや、「**集める**」ことに他ならないからである。

もとより、こうした意識の働きは、「無意識」の世界だけでなく、「表面意識」の世界でも、しばしば起こっている。

例えば、ある問題が気になっているとき、何気なく開いた新聞の片隅に書かれていた、その問題に関連した情報が目に飛び込んでくることや、待合室などで流されているテレビの音声の、その問題に関連した情報が耳に飛び込んでくるといったことは、あなたも、しばしば体験しているだろう。

このように、我々の**意識の働きは、「想う」ことが「探す」ことや「集める」ことに他ならない**のであるが、この意識の働きは、「無意識」の世界では「表面意識」の世界よりも、圧倒的に強くなっている。

そして、**「無意識」の世界では、「表面意識」の世界のように「価値判断」が入らない。**

そのため、「無意識」の世界に「ネガティブな想念」を持っていると、「表面意識」は、それを嫌っていても、拒んでいても、その気持ちとは関係なく、「無意識」は、その「ネガティブな想念」に関連する「ネガティブな情報」を「探し」「集め」てしまうのである。

そして、その結果、その「ネガティブな想念」が実現する方向に、自身の行動が動いてしまうのである。

それゆえ、例えば、我々が「無意識」の世界に「不安」や「恐怖」の想念を抱いていると、「表面意識」は、それを嫌っていても、拒んでいても、「無意識」は、その「不安」や「恐怖」に関連する情報を、「探し」「集め」てしまう。そして、しばしば、その「不安」や「恐怖」が実現する方向に、自身の行動が動いてしまうのである。

それが、世の中の「運気論」で、「ネガティブな想念が、悪い運気を引き寄せてしまう」と語られる理由であり、筆者が、『運気を磨く』などの著書で、「**心の奥深くに抱く『恐怖』は、それを実現する『祈り』になってしまう**」と述べている理由でもある。

さて、これが、「無意識」の世界では、ゼロ・ポイント・フィールドを通じて、その想念に「類似の情報」や「関連する情報」が集まってくる理由であり、「情報の引き寄せ」が起こる理由であるが、ここで、極めて重要なことは、我々の無意識が「ゼロ・ポイント・フィールド」に繋がったときには、この「**情報の引き寄せ**」**が圧倒的な速さで起こる**ことである。その「**情報探索**」は、我々の常識からは想像できないほどの速さで起こるのである。

その理由は、**ゼロ・ポイント・フィールド内では、情報伝達が瞬時に起こるため**であるが、この「情報探索」のスピードが極めて速いため、**我々の無意識が、ゼロ・ポイント・フィールドに繋がったとき、フィールド内に存在する膨大な情報も、瞬時に「探索」できる**のである。

ただし、こう述べても、まだ分かりにくいかと思うので、また、映画のメタファー（隠喩）で説明しよう。

超高速の「情報探索」が可能なゼロ・ポイント・フィールド

それは、米国のSF映画『ｈｅｒ』であるが、この映画において、主人公のセオドアは、ある日、自分のＰＣの上で動く「**人工知能アシスタント**」を手に入れ、早速、そのアシスタントを起動する。

すると、女性の声のアシスタントが現れたので、名前を訊くと「サマンサ」と答える。

そこで、その名前を誰がつけたのかと訊くと、いま、名前を聞かれたから、すぐに、命名法の本を読み、一八万個の名前の中から一番好きな名前を選んだと答える。

驚いて、一冊の本を一秒で読んだのかと訊くと、一〇〇分の二秒で読んだと答える。

実は、現代のコンピュータにとって、この程度の速さの「情報探索」は当たり前のことであるが、様々な機械的制約がある現代のコンピュータでさえ、これほどの速さで「情報探索」が行えるのであれば、そうした機械的制約の無い「ゼロ・ポイント・フィールド内」での「情報探索」は、その次元を遥かに超えた速さであろう。

なぜなら、近い将来に実用化が期待される「**量子コンピュータ**」は、その「情報探索」の速度は、現代のコンピュータの「一億倍」になると言われているが、こうした「量子的な場」、すなわち、ゼロ・ポイント・フィールドでの情報処理速度は、これほど速いからである。

もとより、我々の脳内での「情報探索」の速さは、「肉体的制約」や「自我の障壁」のため、現代のコンピュータの人工知能サマンサにさえ、全く敵わない。しかし、ひとたび、我々の無意識が、ゼロ・ポイント・フィールドに繋がったときには、想像を絶する速さを示す。

実は、そのことを教えてくれるのが、昔から多くの人々が体験してきた「**フラッシュバック現象**」である。

これは、人間が「死」に直面し、最期を迎えたとき、自分の人生のすべての情景が、猛烈な勢いで心の中を通り過ぎていくという現象であり、日本では、「**過去のすべての思い出が、走馬灯のように巡っていく**」と言われる現象である。

それは、まさに、一瞬で人生のすべての情景が心の中に浮かんでは消えていくという現象であり、我々の無意識がゼロ・ポイント・フィールドに繋がったときに起こる現象であると考えられるが、そのとき、我々の無意識は、こうした想像を絶する速さの「情報探索」の力を示すのである。

なお、この「フラッシュバック現象」は、死の瀬戸際から戻ってきた多くの人々が報告している現象でもあり、極めて信頼性の高い体験報告である。

実際、筆者の友人の一人は、その生々しい体験を語っている。

彼は登山家であるが、危険な沢登りの最中、岩場で足を滑らせて滑落を始め、本人も「死」を覚悟した瞬間、奇跡的に茂みに引っかかって命拾いをした。

そのとき、彼は、それを見ていた登山仲間に、「あれは、本当だった。死を覚悟した瞬間に、人生のすべての情景が、頭の中を駆け巡っていった」と語っている。

このように、我々の無意識は、ゼロ・ポイント・フィールドに繋がったとき、想像を絶する速さで「情報探索」を行うことができ、そのフィールドに存在する膨大な情報の中から、瞬時に、必要な情報を得ることができるのである。

なぜ、天才は、アイデアが「降りてくる」と感じるのか

では、我々の無意識がゼロ・ポイント・フィールドに繋がるとき、そこに記録されてい

る膨大な情報に触れることができるならば、それらの情報の中には、当然、人類の歴史の中で現れた様々な賢人たち、科学者や宗教家、思想家や哲学者の持っていた「該博な知識」や「深遠な叡智」も存在しているだろう。

もし、このことが正しければ、我々は、世の中で誰もが抱く、次の疑問に答えを見出すだろう。

なぜ、「天才」と呼ばれる人々は、アイデアが「降りてくる」と語るのか。

実際、古今東西、これまで世に現われた「天才」と呼ばれる人々は、科学や技術、学問や研究、芸術や音楽など、分野を問わず、職業を問わず、その創造的なアイデアや発想がどこから生まれてくるのかを問われたとき、誰もが、例外なくと言って良いほど、「**どこかから降りてきた**」「**天啓のごとく与えられた**」といった表現をする。「頭で考え抜いて、思いついた」といった表現をする人は、あまりいない。

では、この言葉、「どこかから降りてきた」「天啓のごとく与えられた」という言葉は、何を意味しているのか。

おそらく、彼らは、無意識の世界でゼロ・ポイント・フィールドに繋がり、そのことによって、フィールドから創造的なアイデアや発想を引き出していると考えられる。すなわち、それらの創造的なアイデアや発想は、古今東西の天才や賢人たちの「該博な知識」や「深遠な叡智」が、ゼロ・ポイント・フィールド内で縦横に結びついて生まれたものであろう。

言葉を換えれば、「天才」と呼ばれる人々が発揮する直観力や創造力、発想力や想像力といったものは、**実は、彼らの「脳」が生み出すものではなく、彼らの「脳」が「ゼロ・ポイント・フィールド」と繋がることによって与えられるものである**と考えられる。

もとより、このこともまた、現時点では「仮説」にすぎないが、もし、このことが科学的に実証されるならば、我々が、自らの「才能」や「能力」というものを開花させていくときの、根本的なパラダイム転換をもたらすだろう。

なぜなら、我々一般の人間と、「天才」と呼ばれる人間の違いとは、生まれつきの脳の構造の違いでも、遺伝子的なDNAの違いでも、先天的な能力の違いでもなく、「ゼロ・ポイント・フィールド」と繋がる能力の違いであり、その能力は、適切な「心の技法」を修得することによって、後天的に身につけられるものになっていくからである。

実際、筆者は、決して天才でも賢人でもないが、永年、様々なテーマで著作を書き続ける一人の人間として、直観力や創造力、発想力や想像力の源泉が、このゼロ・ポイント・フィールドにあることは、実感として感じている。

筆者は、過去二五年間に、一〇〇冊余りの著書を上梓してきたが、そのテーマは、巻末の著書目録にもあるように、生命論パラダイム、複雑系科学、弁証法哲学、ガイア思想、未来予測、資本主義、知識社会、情報革命、経営とマネジメント、戦略思考、人生論、仕事論、プロフェッショナル論、意思決定、企画力、営業力など、多岐にわたっている。

しかし、正直に言えば、なぜ、こうした幅広いテーマで著書が執筆できるのか、自分でも不思議に思うことがある。ただ、一つ言えることは、こうした著書を執筆するときには、いずれも、**何かに導かれるように、様々なアイデアや発想が降りてきて、自然に必要な情報が集まり、そこに一冊の本が生まれてくる**のである。

そのため、書棚に行き、過去の自分の著作を読むと、しばしば、「これは、自分が書いたのだろうか…」という不思議な感覚に囚われることがある。

すなわち、筆者の著書もまた、筆者の無意識がゼロ・ポイント・フィールドに繋がり、その著書の執筆に必要な、様々な情報や知識や叡智が、「直観」という形で「降りてくる」ことによって、生まれてきたものであると感じている。

なお、そうした筆者の体験を踏まえ、上梓したのが、拙著『直観を磨く』であるが、この著書は、ゼロ・ポイント・フィールドに繋がって「直観」を得るための「心の技法」について語ったものである。

なぜ、人生には、「運気」というものが存在するのか

このように、我々の無意識がゼロ・ポイント・フィールドと繋がるならば、そのフィールドに記録されている様々な情報や知識や叡智に触れることができるため、フィールドに

繋がるための「心の技法」を学び、実践するならば、我々は、自らの直観力や創造力、発想力や想像力を高めていくことができると、筆者は考えている。

そして、もし、このことが正しければ、我々は、世の中で誰もが抱く、もう一つの疑問にも、答えを見出すことができる。

それは、

なぜ、人生には「運気」というものが存在するのか

という疑問である。

すなわち、この「ゼロ・ポイント・フィールド仮説」が正しいならば、我々が、日常的に感じている「**良い運気**」というものも、「**運の強さ**」というものも、我々の無意識が、ゼロ・ポイント・フィールドに繋がることによって、その時、その状況で、必要な情報を引き寄せることによって起こるものであることが、理解できる。

例えば、第四話において紹介した、筆者の大学入試のときの「直前に、試験問題が、不思議な直観で分かった」という体験も、あの時、あの状況で、最も必要な情報を引き寄せた体験に他ならず、ある意味で、「良い運気」を引き寄せた体験でもある。

すなわち、この「運気」といったものも、実は、「持って生まれた運の強さ」といったものではなく、我々の無意識が、このゼロ・ポイント・フィールドに繋がる能力の違いであり、やはり、その力は、「心の技法」を修得することによって、後天的に身につけられるものである。

ただし、このとき、我々が「良い運気」を引き寄せるために、大切なことがある。

それは、**心の中に「ポジティブな想念」を持つ**ことである。

なぜなら、先ほど述べたように、我々の無意識がゼロ・ポイント・フィールドから情報を「引き寄せる」とき、「類似の情報」を引き寄せるからである。

そのため、もし、我々が、心の中に、**恐怖や不安、悲しみや怒りなどの「ネガティブな想念」**を強く持っていると、それと類似の「ネガティブな情報」を引き寄せ、結果として「悪い運気」を引き寄せてしまうからである。

それゆえ、古今東西の「運気論」は、例外なく、「良い運気」を引き寄せるためには、**希望や安心、喜びや感謝などの「ポジティブな想念」**を持つことの大切さを語っているのである。

例えば、先ほどの筆者の大学入試のときの「不思議な直観の体験」を振り返ると、それは「試験日当日の発病」という、たしかに「不運」に見える出来事ではあったが、その極限の状況でも、心の中は「試験さえ受ければ、奇跡が起こる」と信じ切っていたという意味で、「究極のポジティブな想念」だったのである。そして、その「究極のポジティブな想念」が、あの「不思議な直観」を引き寄せたのであろう。

実は、筆者は、人生において、こうした「良い運気を引き寄せた」という体験を数多く持っているが、そうした筆者の体験に基づいて、心の中に「ポジティブな想念」を持ち、

「良い運気」を引き寄せるための「心の技法」を述べたのが『運気を磨く』という著書である。

「死後の世界」や「前世の記憶」「輪廻転生」は、全くの迷信なのか

このように、この「ゼロ・ポイント・フィールド仮説」が正しいならば、「天才の創造的な力」や「運気を引き寄せる力」などの「意識の不思議な現象」を説明することができるが、もし、この「ゼロ・ポイント・フィールド」の性質が科学的に明らかにされるならば、これまで科学が説明できなかったがゆえに、「単なる偶然」「ただの錯覚」「何かの思い込み」「一種の幻想」「脳神経の誤作用」などとされてきた「意識の不思議な現象」、すなわち、

「直観」「以心伝心」

「予感」「予知」「占い的中」
「シンクロニシティ」「コンステレーション」

などが起こる理由も、科学的・合理的に説明することが可能になる。

そして、さらには、「死後の世界」の存在を想起させる、次のような現象についても、科学的・合理的な説明が可能になる。

「臨死体験」「幽体離脱」「故人との再会」
「霊媒」「死者との交信」「背後霊」
「転生」「生まれ変わり」「前世の記憶」

こう並べると、筆者が、極めて怪しげなことを述べていると思われるかもしれないが、それは、逆である。

こうした言葉で表される「不思議な現象や体験」は、昔から極めて多くの人々によって報告されているが、科学的に、そうした現象が起こる理由を説明できないがために、多くの人々が、「あの世」「天国」「霊界」といった、その実体の分からない「**ブラックボックス的概念**」を、半信半疑ながらも、受け入れてきた。

それに対して、この「ゼロ・ポイント・フィールド仮説」は、そうした神秘的に見える「不思議な現象や体験」が生まれてくる理由を、それなりに科学的な基盤のうえに説明しようとするものであるため、「**ブラックボックス的思考**」、すなわち、実体の分からない概念を無条件に受け入れ、思考停止に陥ってしまうという落し穴を避けることができるのである。

ただし、この「ゼロ・ポイント・フィールド仮説」は、我々の誰もが心の奥深くに抱いている「**死への恐怖**」と、そこから生まれてくる「**死んでも命はあると思いたい**」「**死後の世界があって欲しい**」という願望、さらには、「**死後も、私という個性が残ると思いたい**」という希望に対して、客観的かつ科学的に、その願望や希望とは異なった解釈を提示してくる可能性もある。

その解釈については、次の第八話で、詳しく語ろう。

昔から無数の人々が信じてきた「神」や「仏」の実体は何か

すなわち、この「ゼロ・ポイント・フィールド仮説」が正しければ、人類にとっての「最大の謎」であり、人生における「最大の疑問」である、**「死後に何が起こるのか」「死後の世界はあるのか」**という問いに、我々は、一つの答えを見出すだろう。

そして、もし、この仮説が正しければ、我々は、数千年の歴史を超え、人類が永く抱き続けてきた**「最も崇高な問い」**に、答えを見出すだろう。

それは、

「神」や「仏」や「天」とは、何か

その問いである。

それは、数千年の歴史の中で、無数の人々が、「祈り」を捧げ続けてきた存在。
それは、無数の人々が、「守られ」「導かれ」「祈りが通じた」と感じてきた存在。
それは、無数の人々に、様々な「神秘的な出来事や体験」を与え続けてきた存在。

本書を、ここまで読まれて、あなたは、気がついたのではないだろうか。
その通り。

その「神」や「仏」や「天」とは、

「ゼロ・ポイント・フィールド」

に他ならない。
すなわち、その「神」や「仏」や「天」とは、宇宙の歴史始まって以来の「すべての出来事」が記録され、人類の歴史始まって以来の「すべての叡智」が記録されている、この「ゼロ・ポイント・フィールド」に他ならない。

なぜなら、無数の人々が「神秘的な出来事や体験」と感じてきた、不思議な「直観」や「以心伝心」、「予感」や「予知」や「占い的中」、「シンクロニシティ」や「コンステレーション」などの現象は、これらの人々の無意識が「ゼロ・ポイント・フィールド」と繋がることによって、起こってきたからである。

そして、もし、そうであるならば、昔から、世界の様々な宗教において「**祈祷**《きとう》」や「**祈願**」、「**ヨガ**」や「**座禅**」や「**瞑想**」と呼ばれ、実践されてきた諸種の技法は、実は、この「ゼロ・ポイント・フィールド」に繋がるための「心の技法」に他ならない。

なぜ、「最先端の科学の知見」と「最古の宗教の直観」が一致するのか

このように、もし、「ゼロ・ポイント・フィールド仮説」が正しければ、我々は、「死後に何が起こるのか」「死後の世界はあるのか」という最も神秘的な問いに対して、科学的・合理的な答えを見出すだけでなく、「神や仏や天とは、何か」という最も崇高な問い

に対しても、答えを見出すことができるのである。

ところで、先ほど、「**ゼロ・ポイント・フィールドには、この宇宙の過去、現在、未来のすべての出来事のすべての情報が『記録』されている**」と述べた。

もし、それが本当であるならば、このゼロ・ポイント・フィールドに繋がることによって、この宇宙の「始まりの瞬間」の情報も、我々は、知ることができるのであろうか。

そのことを考えるとき、我々は、「最先端の科学の知見」と「最古の宗教の直観」の不思議な一致に気がつく。

なぜなら、現代科学の最先端宇宙論によれば、すでに述べたように、**この宇宙は、一三八億年前に「量子真空」から生まれた**とされているからであり、その「量子真空」が、あるとき「ゆらぎ」を起こし、急激に膨張してインフレーション宇宙を生み出し、続いて、大爆発を起こしてビッグバン宇宙を生み出し、このビッグバンの直後に、**この宇宙は、「光子」（フォトン）で満たされた**とされているからである。

こう述べてくると、「科学」と「宗教」の間に、不思議な一致があることに気がつく。

なぜなら、仏教の経典『**般若心経**』においては、「**色即是空**《しきそくぜくう》、**空即是色**《くうそくぜしき》」と語られており、この「世界」(色)は、すべて「真空」(空)から生まれてきたと述べているからである。

また、キリスト教の『**旧約聖書**』、天地創造を語った「創世記」の冒頭の一節は、「**神は『光あれ』と言われた**」と書かれており、神がこの世界を創ったとき、最初に「光」(光子)が生まれたと述べているからである。

これは、単なる「偶然の一致」であろうか。

この「**最先端の科学の知見**」と「**最古の宗教の直観**」との一致は、単なる偶然なのであろうか。

しかし、もし、この『般若心経』を著した仏教の僧侶や、『旧約聖書』を著したユダヤ教の聖職者が、「祈り」や「祈祷」を通じて「ゼロ・ポイント・フィールド」に繋がったのであれば、この宇宙が誕生した瞬間の記録を、「宗教的な直観」として感じ取ったとしても、決しておかしくはない。

古代の宗教が、すでに語っていた「ゼロ・ポイント・フィールド」

そして、もし、「古代の宗教」が、この宇宙の真実の姿を、「最先端の科学」が発見する遥か以前に、直観把握しているのであれば、この「空即是色」や「光あれ」という言葉だけでなく、我々が思い起こすべき古代の宗教の教義が、二つある。

それが、先ほど述べた、**「仏教の唯識思想」が語る「阿頼耶識」の思想**であり、**「古代インド哲学」が語る「アーカーシャ」の思想**である。

この二つの思想は、いずれも、「ゼロ・ポイント・フィールド仮説」に極めて似た思想を語っているが、仏教やインド哲学という古代の宗教もまた、「この宇宙のすべての情報が記録されている場がある」と述べていることは、単なる偶然ではないと思われる。

それもまた、筆者には、遥か昔に、「宗教的叡智」が、この宇宙の真の姿を「直観把握」したものに思えてならない。

第八話

フィールド仮説によれば「死後」に何が起こるのか

二一世紀、最先端科学が解き明かす「死後の世界」

さて、ここからは、いよいよ本書の本題「死は存在しない」というテーマを論じたいと思う。

ここまで何度も述べてきたように、もし「ゼロ・ポイント・フィールド仮説」が正しければ、このフィールドには、この宇宙で起こったすべての出来事のすべての情報が「記録」されている。

その「すべての出来事」とは、文字通り「すべて」である。

すなわち、量子真空から、この宇宙が誕生したことも、この宇宙の中で銀河系宇宙が生成したことも、その銀河系宇宙の中に太陽という恒星が誕生したことも、その周りに地球という惑星が生まれたことも、その惑星の上で生命が発生したことも、その生命が進化して人類が生まれたことも、その人類の歴史の中でローマ帝国が興亡したことも、この日本という国に、あなたが生まれたことも、あなたがどのような人生を歩んだかということも、そして、その人生において、あなたが、何を願って生き、何を考え、何を思い、何を感じて歩んだかも、その「すべて」を、「ゼロ・ポイント・フィールド」は記録しているのである。

もし、そうであるならば、この「ゼロ・ポイント・フィールド」には、あなたの人生に関する「すべての情報」が、刻々とリアルタイムで記録されているのである。いや、あなただけでなく、いま、この地球上に生きているすべての人々の人生に関する「すべての情報」が刻々とリアルタイムで記録されており、さらには、これまでこの地球上に生を享け、生き、去っていった、すべての人々の人生に関する「すべての情報」が記録されているのである。

されば、もし、この「ゼロ・ポイント・フィールド仮説」を受け入れるならば、これまでの人類数千年の歴史の中で、「死後の世界」に関して語られてきた様々な「神秘的現象」が、科学的根拠のもとに、合理的に説明できるだろう。

なぜ、子供たちは「前世の記憶」を語るのか

例えば、「**前世の記憶**」や「**転生**」「**生まれ変わり**」といった**現象**である。

これは、生まれてから物心ついた二歳から八歳くらいまでの子供が、突如、自分自身が誰かの「生まれ変わり」であると言い始めるという現象であるが、その「過去生」、すな

わち「前世」の記憶を、どこに生まれ、どのように育ち、どのような生活を送り、どのような職業で働き、どのような家族を持ち、そして、どのように死んだかを、次々と具体的に語るという現象である。しかも、それを聞いた両親が、実際に、その子供が前世で生きていたと語る地域を訪れて調べると、実際に、そうした人生を送った人物が存在しており、その子供が語ったその町の風景も、その子供は決して見たことがないにもかかわらず、見事に実際と一致していた、といったことが報告されている。

こうした事例は、世界中に無数にあり、そうした事例を客観的にまとめた有名な書籍に、米国ヴァージニア大学の精神科教授、イアン・スティーヴンソンが書いた『前世を記憶する子どもたち』や、彼の後継者であるジム・タッカー教授の書いた『リターン・トゥ・ライフ』などがある。

そして、これまでは、こうした事例は、「転生」や「生まれ変わり」を信じる人々からは、「人間は、死んだ後、他の人間に生まれ変わる」ということの明確な証拠として語られてきたが、「ゼロ・ポイント・フィールド仮説」の立場に立つならば、これらの子供たちは、何らかの理由で、その意識がゼロ・ポイント・フィールドに繋がり、そのフィールドに記録されている、ある過去の人物の情報を語っているのであろう。

すなわち、子供たちが「前世の記憶」を語るということは、必ずしも「転生」や「生まれ変わり」が存在する証拠ではない。

実際、この子供たちは、皆、成長するにつれて、そうしたことを語らなくなるという事実を見ても、子供たちが語ったのは、ゼロ・ポイント・フィールドから伝わってきた「ある人物の人生に関する情報」であると考える方が、合理的であろう。

なぜ、「死者との交信」が起こるのか

また、「**霊媒**」「**死者との交信**」「**背後霊**」などの現象についても、この「ゼロ・ポイント・フィールド仮説」は、合理的な説明を可能にする。

「霊媒」とは、特殊な精神状態に入ることによって、すでに亡くなった人物を呼び出し、

遺された家族との会話をさせたりする人物のことであるが、日本では、東北の恐山の「いたこ」などが良く知られており、また、世界でも、古くは、レオノーラ・パイパーやアイリーン・ギャレット、現代では、エスター・ヒックスやシルビア・ブラウンなどが、「霊媒」としての優れた能力を持ち、「死者との交信」を実現する能力を示したとされる。

実際、優れた能力を持つ「霊媒」は、「呼び出した故人」に、生前の生活や仕事、家族や友人のことを語らせ、さらには、家族からの質問に答えさせたりもする。また、そのときの言葉づかいや仕草なども、しばしば、その故人にそっくりであるため、「霊界」を信じる人々からは、「霊界から、故人を呼び出して、家族と会話をさせた」として「霊界」が存在することの明確な証拠として語られてきた。

しかし、この「霊媒」や「死者との交信」も、「ゼロ・ポイント・フィールド仮説」の立場に立つならば、「霊界」から故人を呼び出したのではなく、「霊媒」とは、ゼロ・ポイント・フィールドに繋がる能力の高い人物であり、フィールドから、その故人に関する様々な情報を受信し、それを、家族の前で語っているのであろう。また、言葉づかいや仕草についても、フィールドからの情報に基づいて無意識に真似をしているのであろう。さらに、会話についても、フィールドから故人の存命中の考えや思いを感じ取ったならば、当意即妙に、家族の質問にも答えることができるだろう。

「ゼロ・ポイント・フィールド仮説」に立つならば、それが、「霊媒」や「死者との交信」の実体であると考えられる。

そして、同様に、世の中で語られる「背後霊」についても、それが「見える」という人は、その背後霊になったとされる故人の様々な情報を、ゼロ・ポイント・フィールドから受け取って、語っているのであろう。

このように、「霊媒」「死者との交信」「背後霊」といった神秘的現象も、「ゼロ・ポイント・フィールド仮説」に立つならば、合理的に説明することができ、従って、これらの現象は、「天国」や「霊界」といったものが存在する証拠であるとは言えない。

さらに、多くの臨死体験者が語る、「**臨死体験**」「**幽体離脱**」「**故人との再会**」などの現象も、この「ゼロ・ポイント・フィールド仮説」で合理的に説明できるが、これらの現象は、さらに深い意味を持っているので、後ほど、この第八話の後半で、詳しく語ろう。

我々の「意識のすべての情報」は、肉体の死後もフィールドに残り続ける

さて、こう述べてくると、筆者が「死後の世界」というものを全面的に否定しているように思われるかもしれない。

しかし、筆者の意図は、そうではない。

筆者は、我々が死んだ後、どこかに「天国」や「霊界」のようなものがあり、そこで、我々の「個としての意識」や「自我としての意識」が生き続けるという思想は、その「天国」や「霊界」がどのようなものであるかを科学的に説明しておらず、単なる漠然としたブラックボックス的なイメージにすぎず、科学的には信憑性が無いと考えている。

筆者が述べようとしているのは、もし、「ゼロ・ポイント・フィールド仮説」が正しければ、我々の死後も、

我々の人生で起こった、すべての「出来事」の情報
我々の人生で与えられた、すべての「体験」の情報
我々の人生で与えられた、すべての「人間関係」の情報
我々が人生で味わった、すべての「感情」や「想念」の情報
我々が人生で学んだ、すべての「知識」や「叡智」の情報

といった**「意識のすべての情報」**が、量子真空内のゼロ・ポイント・フィールドに記録されているということであり、もし、そうであるならば、「生」や「死」という意味で、それは何を意味しているのか、ということである。

すなわち、我々の**「肉体」が死滅した後も、ゼロ・ポイント・フィールドに、我々が人生で抱いた「意識のすべての情報」が残るということは、何を意味しているのか**、ということである。

それゆえ、ここからが、本書における最も興味深いテーマになるが、では、ゼロ・ポイント・フィールドに、我々が人生で抱いた「意識のすべての情報」が残るとするならば、それは、「死を迎えた人間」にとって、何を意味しているのだろうか。

言葉を換えれば、**「ゼロ・ポイント・フィールド仮説」が正しいならば、そのフィールドに記録された「我々の意識の情報」は、死後、どうなっていくのだろうか。**

それは、ただ、「情報」として永遠に「記録」されるだけなのか。

筆者は、そうではないと考えている。

筆者の抱く一つの科学的な仮説は、我々が死を迎え、**肉体が滅びた後も、ゼロ・ポイント・フィールドに記録された「我々の意識の情報」**は、そのフィールド内に記録された**「他の人々の意識の情報」**、すなわち感情や想念、知識や叡智などと相互作用を続け、さらには、フィールド内に記録された「この宇宙に関するすべての情報」を学びながら、**変化し続ける**のではないか、という仮説である。

すなわち、筆者が抱くのは、**肉体は死滅しても、「我々の意識の情報」は、ゼロ・ポイント・フィールド内に「永遠の記録」として残り続けるだけでなく、さらに変化を続けていくのではないか、すなわち、「生き続ける」のではないか**という仮説である。

では、なぜ、筆者は、そうしたことが起こると考えるのか。

第五話で述べた「湖上を吹く風」（現実世界）と「湖面に生まれる波」（フィールド）の比喩で言えば、**湖上の風が止んでも、湖面の波は動き続けていく**からである。

フィールド内には「現実世界」と全く同じ「深層世界」が存在している

このことを、別の角度から、分かりやすく説明しよう。

ここで、もう一度、「ゼロ・ポイント・フィールド仮説」を振り返って頂きたい。

この仮説は、この宇宙において、次のことが起こっていることを述べている。

第一　「量子真空」から生まれた、この宇宙の森羅万象の真の姿は、「物質」ではなく、「波動」である。

第二　従って、この宇宙で生じたすべての出来事は、我々の肉体や意識の活動も含め、すべて「波動」に他ならない。

第三　そして、この現実世界で生じた「波動」の軌跡は、量子真空内のゼロ・ポイント・フィールドに、やはり「波動」の軌跡として、すべて「記録」されている。

では、このことは何を意味しているのか。

端的に述べよう。

実は、このことは、

「現実世界が、すべて記録されている」

ということを超えた意味を持っている。

すなわち、このことは、「波動情報」という観点から見るならば、ゼロ・ポイント・フィールド内に、

「現実世界」と、全く同じ世界が存在している

ということを意味しているのである。

仮に、これを、「現実世界の奥にある世界」という意味で「**深層世界**」と呼ぶならば、ゼロ・ポイント・フィールド内には、

「現実世界」と全く同じ、「深層世界」が存在している

のである。

ただし、このゼロ・ポイント・フィールド内の「深層世界」は、「現実世界」で起こる出来事を刻々記録しながらも、「現実世界」とは異なる、次の三つの特徴を持っている。

第一　ゼロ・ポイント・フィールド内では、エネルギーの減衰が起こらないため、波動の減衰も起こらず、「深層世界」には、永遠に、すべての情報が残り続ける。

第二　そのため、「深層世界」には、「過去」から「現在」までの、すべての情報が存在している。そして、第五話で述べた意味において、「未来」の情報も存在している。

第三　また、ゼロ・ポイント・フィールド内では、瞬時に情報伝達が起こるため、「深層世界」では、「情報同士の相互作用」が、極めて容易に起こる。

現実世界の「自己」が死んだ後も、深層世界の「自己」は生き続ける

そして、この「現実世界」と「深層世界」の関係と全く同様に、やはり「波動情報」という観点から見るならば、ゼロ・ポイント・フィールド内には、

「現実世界での私」と全く同じ、「深層世界での私」が存在しているのであり、言葉を換えれば、

「現実世界」を生きている「現実自己」に対して、「深層世界」を生きている「深層自己」と呼ぶべきものが存在しているのである。

すなわち、この「深層自己」は、「現実自己」と全く同じ「肉体の情報」と「意識の情報」を持っており、それも、過去から現在に至る「すべての情報」を持っているのである。

ここで、最大の問題は、この「現実世界」での「現実自己」が「死」を迎えた後、**ゼロ・ポイント・フィールドの中で、何が起こるかである。**

すなわち、**「深層世界」**の中の「**深層自己」**に何が起こるかである。

結論から述べるならば、**「現実自己」が死を迎え、消え去った後も、ゼロ・ポイント・フィールド内の「深層自己」は、残り続ける。**

「現実自己」が消え去っても、それとともに「深層自己」も消え去ってしまうわけではない。いや、むしろ、「現実自己」が消え去った後も、「深層自己」は、ゼロ・ポイント・フィールド内の「様々な情報」に触れながら、存在し続け、変化を続け、「生き続け」ていく。「湖上の風」が止んだ後も、「湖面の波」が変化し続けるように。

筆者は、そう考えている。

すなわち、**我々の意識は、「現実世界」の「現実自己」が死を迎えた後、このゼロ・ポイント・フィールド内の「深層自己」に中心を移す**のである。そして、フィールド内にすでに存在する様々な情報、フィールドに新たに記録される様々な情報と相互作用を続け、変化を続けていくのである。

特に、ゼロ・ポイント・フィールド内には、過去から現在に至るまで、この地上に生を享け、去っていった無数の人々の「意識の情報」、すなわち、それらの人々の感情や想念、知識や叡智の情報が存在するため、「深層自己」に中心を移した我々の意識は、それらの感情や想念、知識や叡智と触れ合い、相互作用をしながら、変化し、学び、成長していくのである。

これが、死後、我々の意識がどうなっていくのかについての、筆者の考えであり、**肉体の死後、我々の意識は、その中心をゼロ・ポイント・フィールド内の「深層自己」に移し、生き続けていく**と考えている。

こう述べても、あなたは、まだ理解しにくいと感じられているかもしれないので、一つ、興味深い事例を紹介しよう。

米国の発明家であり、未来学者でもあるレイモンド・カーツワイルは、人工知能研究の世界的権威でもあるが、彼は、その著書『シンギュラリティは近い』（原題『The Singularity is Near』）において、人類は、将来、脳内の情報をすべてコンピュータ内の人工知能に移植する技術、「**精神転送**」（**マインド・アップローディング**）を実現し、それによって、肉体は死を迎えても、意識は生き続けることが可能になると予想している。

そして、このカーツワイルのビジョンには、多くの科学者や技術者、識者が関心を示し、この「マインド・アップローディング」をテーマにしたSF映画『トランセンデンス』も、俳優ジョニー・デップの主演で製作されている。

筆者は、そうした技術の実現可能性については、極めて懐疑的であるが、この「ゼロ・ポイント・フィールド仮説」が正しければ、カーツワイルが期待するようなことは、人工知能技術の発達を待たずとも、実は、すでに起こっている。

すなわち、我々の「意識の情報」は、すべて、このゼロ・ポイント・フィールドに記録されており、肉体の死後も、このフィールド内で、変化し、成長し、生き続けているのである。


さて、では、肉体が死を迎え、ゼロ・ポイント・フィールド内に中心を移した後、我々の意識は、さらに、どうなっていくのか。

次に、そのことを話そう。

フィールド内の「記録」は、実は、フィールドの持つ「記憶」

ただし、その議論を進め、さらに深めていくためには、ここで、我々は、ゼロ・ポイント・フィールドの性質を論じるときに使ってきた、一つの言葉を改めなければならない。

それは、**「記録」という言葉**である。

この「記録」という言葉は、一度、ある媒体に書かれた情報は、その後も、決して変化しないという意味合いが強い言葉であるが、ゼロ・ポイント・フィールド内では、いま述べたように、「記録」された情報が、互いに相互作用をしながら変化を続けていく。そうであるならば、それは、**「記録」と呼ぶよりも、「記憶」と呼ぶべき**であろう。

実際、我々の持つ手帳に「記録」された情報は、決して変化することはないが、我々の脳に「記憶」された情報は、脳内の他の情報と相互作用をして、変化していく。

例えば、子供の頃、両親に連れて行ってもらった海水浴の記憶と、同じ頃、親戚の子供たちと一緒に行った海水浴の記憶が、脳の中で相互作用をし、混然一体となって区別がつかなくなることなど、いくらも経験があるだろう。

また、ある著者の本を読んで得た知識と、ある学者がテレビで語っていたメッセージとが記憶の中で結びつき、何かの新たな発想を心の中に生み出すことも、しばしば経験するだろう。

そう考えるならば、すべての出来事の情報を「**記録**」しているというゼロ・ポイント・フィールドの性質は、すべての出来事の情報を「**記憶**」しているという表現に改めるべきであろう。

ここまでは、混乱を避け、ゼロ・ポイント・フィールドの一つの性質を端的に伝えるために、敢えて「記録」という言葉を使ってきたが、ここからは、上記の意味合いを込めて、より正確な意味の「記憶」という言葉を使わせて頂きたいと思う。

フィールドは「情報貯蔵庫」ではない、「宇宙意識」と呼ぶべきもの

そして、もし、その内部で情報同士が相互作用をし、変化をしていくというゼロ・ポイント・フィールドの性質を理解し、「記録」ではなく「記憶」と言う言葉を使うならば、我々は、もう一つ、大きな「**視点の転換**」、言葉を換えれば「**主語の転換**」をする必要がある。

それは、「**情報が、ゼロ・ポイント・フィールドに記録されている**」という中立的な視点ではなく、「**情報を、ゼロ・ポイント・フィールドが記憶している**」という、ゼロ・ポイント・フィールドを「**主体**」とした視点、ゼロ・ポイント・フィールドを「**主語**」とする視点への転換をするべきであろう。

なぜなら、ここまで述べてきたゼロ・ポイント・フィールドの様々な性質を理解するならば、ゼロ・ポイント・フィールドとは、単なる「**情報貯蔵庫**」のようなものではなく、この宇宙で起こったすべての出来事のすべての情報を「記憶」していく「**超越意識**」のよ

うなものであり、これを敢えて命名するならば、この宇宙のすべてを記憶している意識、すなわち、「宇宙意識」と呼ぶべきものである。

そして、ゼロ・ポイント・フィールドの性質について、

「記録」から「記憶」への動詞の転換

「情報貯蔵庫」から「宇宙意識」への主語の転換

をすることこそが、ゼロ・ポイント・フィールドの正体を知るために、そして、死後、我々の意識が、どうなっていくのかを理解するために、極めて重要なのである。

そのことは、この後の説明を読み進んで頂ければ、理解して頂けるだろう。

では、ゼロ・ポイント・フィールド内に存在する「深層世界」の「深層自己」と、この「現実世界」の「現実自己」とは、何が違うのか、そして、この二つの自己は、どのような関係にあるのか。

次に、そのことを考えてみよう。

いまも「現実自己」は「深層自己」と対話をし続けている

ここまで、我々の意識は、「現実世界」の「現実自己」が死を迎えた後、このゼロ・ポイント・フィールド内の「深層自己」に中心を移し、フィールド内に存在する様々な情報と相互作用を続け、変化を続けていくと述べた。すなわち、**死後、我々の意識は、中心を「深層自己」に移し、生き続けていく**と述べた。

しかし、すでに述べたように、この「深層自己」は、我々が生きている間も、すなわち、「現実自己」が生きている間も、ゼロ・ポイント・フィールド内に存在し続けているため、実は、**この二つの自己は、互いに「コミュニケーション」を取り続け、ときに「対話」も行い続けている。**

なぜなら、「深層自己」は、「現実自己」が思ったり、考えたりしたことを、すべて「記憶」しているからであり、「現実自己」は、その無意識の世界で、「深層自己」の声に耳を傾けているからである。

ただし、この二つの「自己」は、それぞれ、異なった特徴を持っている。

まず、「**現実自己**」は、その意識の中心に「**自我意識**」（**エゴ**）を強く持っているため、「自分とは、その自我意識である」と思い込む傾向がある。そのため、しばしば、その「エゴ」が生み出す感情や衝動に流されて、感じ、考え、動いてしまう。

そして、その「エゴ」が強く働くときには、「現実自己」の「無意識」は、その活動が抑えられてしまうため、「深層自己」の「無意識」と繋がることが難しくなってしまう。

これに対して、「**深層自己**」は、ゼロ・ポイント・フィールド内にあるため、あまり強く「自我意識」（エゴ）に影響を受けない（この理由は、後ほど詳しく述べよう）。そのため、「エゴ」が生み出す感情や衝動に振り回されることなく、冷静に、そして、賢明に、物事を感じ、考えることができる。

また、「**深層自己**」の「**無意識**」は、フィールド内に存在する無数の情報や知識や叡智に広く触れることができるため「賢明」である。そして、フィールド内の様々な人々の意識に触れることができるため「**超個的無意識**」へと広がり、さらに、過去、現在、未来の情報にも触れることができるため、「**超時空的無意識**」へと広がっていく。

すなわち、「深層自己」の「無意識」とは、「現実自己」の「無意識」と比べるならば、遥かに「**大きな無意識**」であり、遥かに「**賢明な無意識**」なのである。

このように、「現実世界」と「深層世界」の二つの「自己」、すなわち、「現実自己」と「深層自己」は、こうした明確な違い、大きな違いを持っているのである。

「超個的・超時空的無意識」の正体は、実は、フィールド内の「深層自己」

そして、こう述べてくると、あなたは、永年、古今東西の書物で様々に語られてきた「無意識」の正体を理解されるだろう。

すなわち、古今東西、様々な書物において、「無意識の声」に耳を傾けることの大切さや、「無意識の力」を借りることの大切さが語られてきたが、**実は、この「無意識」とは、ゼロ・ポイント・フィールド内に存在する「深層自己」の「無意識」（「超個的無意識」や「超時空的無意識」も含めた）のことに他ならない**。すなわち、「無意識の声」に耳を傾けることや、「無意識の力」を借りることとは、実は、ゼロ・ポイント・フィールド内の「深層自己」の「**大きく賢明な無意識**」と繋がることなのである。

そして、この「深層自己」の「大きく賢明な無意識」と繋がるためにこそ、「現実自己」の「無意識」が、「**意識の通路**」として、重要な役割を果たしているのである。

しかし、「現実自己」は、自我意識（エゴ）の強い力によって、しばしば、「無意識」の活動を抑え込んでいるため、この自我意識の活動を静めないかぎり、ゼロ・ポイント・フィールド内の「深層自己」と繋がることができない。

古今東西の「無意識論」において、「祈り」や「瞑想」の重要性が語られてきた理由は、その一点にある。

筆者は、これまで、『直観を磨く』や『運気を磨く』などの著書の中で、「直観力」や「運気力」を高めるためには、ゼロ・ポイント・フィールドに繋がることの大切さを述べてきたが、これは、正確に言えば、**ゼロ・ポイント・フィールド内の「深層自己」と繋がることの大切さ**を述べている。そして、これらの著書においては、フィールド内の「深層自己」と繋がるための「**心の技法**」についても具体的に述べてきた。

また、筆者は、これらの著書において、自分の心の奥深くにいる「**賢明なもう一人の自分**」の声に耳を傾けることの大切さを語ってきたが、この「賢明なもう一人の自分」とは、実は、この「深層自己」に他ならない。

そして、筆者は、第六話において、「**意識の五つの階層**」について述べ、特に「無意識」「超個的無意識」「超時空的無意識」の世界と繋がることの大切さを述べたが、それは、この「**深層自己**」の「**大きく賢明な無意識**」と繋がることに他ならない。

さて、この第八話では、我々の意識は、「現実世界」の「現実自己」が死を迎えた後、このゼロ・ポイント・フィールド内の「深層自己」に中心を移し、フィールド内に存在する様々な情報と相互作用を続け、変化を続けていくと述べた。すなわち、死後、我々の意識は、中心を「深層自己」に移し、生き続けていくと述べた。

では、この「深層自己」に中心を移した我々の意識は、さらに、どうなっていくのか。

次の第九話においては、そのことを、さらに深く考えてみよう。

ただし、ここで、この後の議論の混乱を避けるために、用語の意味を整理しておこう。

この第八話では、「現実自己」と「深層自己」を理解して頂くために「現実世界」と「深層世界」という言葉を対置させたが、この**「深層世界」とは、言うまでもなく、「ゼロ・ポイント・フィールド」のこと**であり、この二つの言葉は、同義語である。

従って、この後の議論では、すべて「ゼロ・ポイント・フィールド」で統一させて頂く。

第九話

フィールド内で我々の「自我」（エゴ）は消えていく

死後、フィールド内で、我々の「自我意識」は、しばらく残る

第八話では、我々の「肉体」が死を迎え、「現実自己」が消え去った後も、我々の「意識」は、その中心を、ゼロ・ポイント・フィールド内の「深層自己」に移し、フィールド内で、存在し続け、変化を続け、「生き続け」ていくことを述べた。

では、「肉体」が死を迎え、この「深層自己」に中心を移した我々の「意識」は、さらに、どうなっていくのか。

実は、**「現実自己」の中心にあった「自我意識」（エゴ）が、「深層自己」においても、しばらく中心的な役割を果たす**のである。

すなわち、我々が「死」を迎えた後、「現実自己」は消えていき、我々の「意識」は、ゼロ・ポイント・フィールド内の「深層自己」に、その中心を移していくが、その「深層自己」の中にも、当然のことながら、「現実自己」の意識を映し出した「自我意識」（エゴ）がある。

そのため、死後も、我々は、しばらく、その「自我意識」（エゴ）から世界を見つめ続けることになる。

そのことを教えてくれるのが、「**臨死体験**」の報告である。

なぜ、臨死体験では、「幽体離脱」が起こるのか

この「臨死体験」は、レイモンド・ムーディ医師の著名な研究を始め、世界中で無数の臨床例が報告されているが、この体験では、しばしば、「**幽体離脱**」の体験が語られる。

それは、すでに述べたように、自分の「意識」が、ベッドに横たわっている自分の「肉体」から離れ、自分の姿とともに医者や家族の姿を部屋の上の方から見た、といった体験である。そして、このとき、家族への様々な感情が動いたことも報告されている。

実は、こうした体験が報告されるのは、**死後も、我々の「自我意識」が、しばらく、ゼロ・ポイント・フィールドに残り、現実世界を見つめている**からである。

それゆえ、世界の様々な宗教においては、誰かが亡くなったときに行われる、共通の風習がある。

例えば、日本では、「**通夜**」や「**夜伽**《よとぎ》」と呼ばれる風習があり、故人の棺の傍に、一晩

中、遺族や近親者が添い続けることを大切にする。それは、まさに、肉体は死んでも、「自我意識」は、ゼロ・ポイント・フィールドから、その自分の肉体や遺族の姿を見ているからである。そのため、遺族や近親者が、棺の傍に居て、故人が寂しさを感じないようにするためである。近年、こうした風習の真の意味は忘れられ、儀式だけが粛々と行われているが、本来、こうした宗教的儀式には、そのような意味があった。

また、日本では、**「初七日」**や**「四九日」**などの法要の儀式があり、死後、一定の期間、遺族が喪に服する。これも、肉体を離れ、ゼロ・ポイント・フィールドに移った故人の「自我意識」が、まだ、その遺族や、自分の現実世界での人生に思いを残しているからであり、世界の宗教に共通にある、**「喪に服する」**という風習は、その故人の「自我意識」が、次の変容を遂げる前に、その寂しさや不安に添い続けるためである。

もとより、この「自我意識」が、どの程度、自分の肉体に未練を持ち、現実世界に未練を持つかは、その故人の人生への思いが、満たされたものであるか、悔いの残るものであるかによっても違い、また、家族に見守られた幸せな死に際であったか、不慮の事故や、他者からの殺人、戦争での戦死など、不幸な死に際であったかによっても違うだろう。

それゆえ、当然のことながら、その人生の在り方、死に際の在り方によっては、死後も、ゼロ・ポイント・フィールドに移った「自我意識」が苦しみ続けることは、大いにあるだろう。だからこそ、遺された人々は、故人に対して、「供養」「慰霊」「鎮魂」といった儀式を行うのである。特に、戦争や大災害、大事故などで、苦しんで亡くなった人々や、悲惨な最期を遂げた人々に対しては、我々は、こうした儀式を、多くの遺族や近親者が集まって行う。そのことによって、故人の「自我意識」が、苦しみから解き放たれ、慰められ、鎮められることを、我々は願うのである。

ただ、改めて言うまでもないが、こうした宗教的儀式は、そうした故人の意識に働きかけることを目的としているのであり、儀式そのものが豪華であることや、特定の様式に従っているということには、実は、あまり大きな意味はない。

むしろ、遺族の心のこもらない儀式を、どれほど盛大に行っても、故人の意識は救われず、逆に、どれほどささやかな儀式でも、遺族の心がこもっているならば、故人の意識は深く救われるだろう。されば、経済的理由がゆえに、故人に立派な葬儀を行ってあげられなかった方々も、そのことを悲しまれる必要はない。

フィールド内では、徐々に、我々の「自我」が消えていく

では、ゼロ・ポイント・フィールドに移った我々の「自我意識」は、それから、どう変化していくのか。

先ほど、ゼロ・ポイント・フィールドに移った故人の「自我意識」が救われるために、古来、宗教的な儀式が行われてきたと述べたが、しかし、実は、フィールドに移った故人の「自我意識」は、仮に、様々な事情から、そうした供養、慰霊、鎮魂の儀式ができなくとも、遺族が葬儀をしてあげられなくとも、いずれ、救われていく。必ず、救われていく。

こう述べると、あなたは驚かれると思うが、その理由は、明確である。

人生の苦しみの根源であった「自我」（エゴ）が消えていくからである。

では、なぜ、我々の意識がゼロ・ポイント・フィールドに移ると、「自我」（エゴ）が消えていくのか。

「恐怖」や「不安」が無くなるからである。

元々、我々の心の中の「**自我**」（エゴ）**は、この現実世界での我々の生物としての「生存本能」に根源を持っている。**「死」に対する恐怖、「生存」が脅かされることへの不安、そうした恐怖や不安から、「自我」が生まれ、この「生存本能」に根差した「自我」が、さらに意識の中で広がっていき、「闘争心」や「競争心」、「自他の分離」や「自他の比較」、「承認欲求」や「自尊心」などの意識を生み出すのである。そして、それが、「**敗北**」や「**挫折**」、「**孤独**」や「**劣等感**」、「**渇望感**」や「**自己否定**」などを通じて、我々の心に「**苦しみ**」を生み出しているのである。

それゆえ、我々の心の中から「自我」が無くなれば、「心の苦しみ」も無くなるのであるが、この「**生存本能**」**に根差した**「**自我**」**は、現実世界では、決して無くならない。**

しかし、ひとたび肉体の死を迎えた後は、我々の意識の中の「自我」**は、もはや「死の恐怖」や「生存の不安」から解放され、その存在意義を失い、自然に消えていく。**
あれほど、現実世界で我々を苦しめ続けた「自我」が、そして、消そうと思っても決して消えることの無かった「**自我**」**が、ゼロ・ポイント・フィールドにおいては、自然に消えていく**のである。そして、その結果、「**心の苦しみ**」も、**自然に消えていく。**
もとより、死後、我々の意識は、肉体を離れるため、「**肉体的苦痛**」からも解放されるが、さらに、こうしたプロセスを経て、「**精神的苦悩**」からも解放されていくのである。

では、「**自我**」（**エゴ**）**が消えていく**とは、何を意味するのか。

それは、「**私**」**が消えていくこと**を意味している。

なぜなら、「自我」（エゴ）は、その本性として、自分と他者を分け、自分と世界を分け、そこに「私」という意識を生み出していくからである。それゆえ、「自我」（エゴ）が消えていくということは、「私」が消えていくことを意味しているのである。

「死」とは何か、「私」とは何か

しかし、正確に述べるならば、ここで消えていく「私」とは、田中太郎や鈴木花子といった「**個的意識**」**としての**「**私**」であり、その小さな「自我意識」（エゴ）が消えていっても、決して消えない「私」、「**真の私**」が、いる。

では、その「真の私」とは、何か。

それは、実は、極めて深遠な問いであり、本書の究極のテーマなのであるが、その意味は、本書の最後に理解して頂けるだろう。ここでは、この「**私とは何か**」という問いを考えて頂くために、筆者の、あるエピソードを紹介しておこう。

それは、二〇〇六年に、筆者の著書『To the Summit』（『未来を拓く君たちへ』の英語版）が上梓されたとき、米国のサンフランシスコの書店で行われた出版記念講演会でのことである。

この講演において、筆者は、「死を覚悟して生きる」ということの大切さについて語ったのであるが、講演後、会場からの質問を受ける場面において、最前列に座っていた初老の人物が、短く、一つの質問をした。

「What is death?」（死とは何でしょうか？）

この質問に対して、筆者もまた、短く、次のように答えた。

「To answer the question, we need to ask another question. What is I?」
（その問いに答えるためには、もう一つの問いを、問う必要があります。
「私」とは何か？）

この短い答えに対して、その初老の人物は、爽やかな微笑みを返し、一言、述べた。

「Thank you.」

この人物は、おそらくサンフランシスコ禅センターなどで修行をされた人物ではないかと思われるが、この筆者の短い答えの意味を、瞬時に理解されたのであった。

すなわち、我々が「死」というものを真に理解したければ、その「死」を迎える「私」とは何かを、深く問わなければならないのである。

そして、「真の私」というものが、「自我」に拘束されたこの「現実世界の私」や「個的意識としての私」ではないことに気がついたとき、「死」というものが、本来、存在しないということの意味を、理解することができるのである。

「自我」が消えていくに従い、すべての「苦しみ」も消えていく

さて、話を戻そう。

このように、死後、我々の意識の中心が、ゼロ・ポイント・フィールドに移ると、我々

の「自我」（エゴ）が次第に消えていき、それに伴って「苦しみ」も消えていく。
ただし、それでも、死後、我々の意識が、しばし、「**苦しみに満ちた世界**」を味わうことはある。

それは、死の直後から、「自我」が消えていくまでの期間である。

例えば、無残に殺された人、恨みを持って死んだ人、強い悔いを残して死んだ人などの意識は、ゼロ・ポイント・フィールドに移って、その「自我」が消えていくまでの一定の期間には、その「自我意識」がゼロ・ポイント・フィールド内の、様々な「否定的な情報」を引き寄せるため、そこに短い期間ではあるが「苦しみに満ちた世界」を生み出してしまうだろう。

しかし、いずれ、まもなく、そうした「自我」も消えていくため、その「苦しみ」も消えていく。すなわち、不安や恐怖も、悩みや苦しみも、悲しみや怒りも、そうした否定的な想念を生み出す「自我」が消えていくため、我々の意識は、いわば「**至福に満たされた世界**」に向かうことになる。

そして、この「自我」が消えて「至福の世界」に向かうプロセスを、仏教では「**成仏**《じょうぶつ》**する**」と呼んできたのであり、その「至福の世界」を「**涅槃**《ねはん》」と呼んできたのである。

すなわち、「**成仏**」(**仏に成る**)**とは、肉体の死後、我々の意識がゼロ・ポイント・フィールドに移った後、「自我意識」が消えていくプロセスを称する言葉に他ならない。**

ゼロ・ポイント・フィールドに「地獄」は存在しない

その意味で、世界の多くの宗教が、キリスト教の「天国」、仏教の「極楽」、イスラム教の「ジャンナ」など、表現は違っても、死後に我々が行く世界が、「至福に満たされた世界」であると述べているのには、ゼロ・ポイント・フィールドの観点から見ても、明確な根拠がある。

しかし、一方、それらの宗教が、逆の「地獄」や「奈落」「ジャハンナム」など、「苦しみに満ちた世界」を語っていることについては、筆者は、疑問を持っている。

なぜなら、死後の世界として、多くの宗教が「恐ろしい世界」や「苦しみの世界」を描いていることには、ゼロ・ポイント・フィールドの観点から見るならば、あまり明確な根拠は無いからである。

その理由は、先ほど述べたように、我々の意識がゼロ・ポイント・フィールドに中心を移した後は、「肉体的苦痛」の原因となる肉体はもはや存在せず、「恐怖」や「苦しみ」の根源となる「自我」も消えていくからである。

それにもかかわらず、世界の宗教が、死後の世界として「恐ろしい世界」や「苦しみの世界」を描いているのは、純粋に宗教的な理由というよりは、社会的に見て、宗教というものが、人々に生き方の倫理規範を示すべき立場にあるため、「生前に善行をしなければ、天国に行けない」「生前に悪行を働けば、地獄に落ちる」といった物語を語る必要があったからであろう。さらには、宗教が政治と結びついたときには、社会の秩序を維持するために、そうした「戒め」を語る必要があったからであろう。

これは、言葉を換えれば、「宗教」というものが「政治」によって利用されたのであり、**本来、「真の宗教」は、人々を恐怖や不安によって動かそうとするものではなく、人々に希望や安心を与えるべきものである。**それゆえ、「真の宗教」は、人々に、「永遠の至福」や「光明一元の世界」を説くべきであり、それは、先ほどから述べているゼロ・ポイント・フィールドの根源的性質を考えても、正しいメッセージであろう。

そして、人々に希望や安心を与えるという意味では、そもそも、仏教の曹洞宗開祖、道元は、「**人の心は、もとより善悪なし**」と語り、浄土真宗宗祖、親鸞は、「**善人なおもて往生を遂ぐ、いわんや悪人をや**」と語っている。それは、本来、すべての人々が救われるとの「**絶対肯定**」**の思想**、「**光明一元**」**の思想**からである。そして、同様の思想は、仏教の最高経典の一つ『法華経』においても、明確に語られている。

「幽霊」や「地縛霊」という現象の正体は何か

しかし、こう述べても、あなたは、疑問を抱くかもしれない。

昔から、欧州では「**古城の幽霊**」、我が国では「**地縛霊**」といった現象が伝えられるからである。

それは、過去において無念の思いで亡くなった人物の怨念が、その場に永く残り続けると言われる現象であるが、では、こうした現象は、どう考えるのか。

それは、ゼロ・ポイント・フィールドに移った後も、「自我」が消えることなく、恨みを持って存在し続ける死者の意識があるということなのか。

筆者は、そうではないと考えている。

実は、「古城の幽霊」や「地縛霊」と呼ばれるものは、その城や場所に行くと、その場が、ゼロ・ポイント・フィールドに記憶されている「その死者の情報」に繋がりやすくなるため、その場を訪れた人々の意識に、そうした情報が流れ込み、死者の姿の幻影を見たり、死者の声を聴いたりする幻聴が生じているため起きている現象であろう。

すなわち、そうした現象は、その場に、死者の「自我」としての意識がとどまり続けているために起こっているわけではない。

言葉を換えれば、死者は、怨みや呪いという形で、生者に危害を与えることはない。

死者の意識は、ゼロ・ポイント・フィールドに移行した後、「自我」が消えていくため、怨みや呪いという形で、誰かを攻撃するような意識ではなくなるからである。

死者の亡霊によって、生者が攻撃され、被害を受けたと伝えられる事例は、実は、生者の意識が引き寄せたものに他ならない。すなわち、「人を殺《あや》めた後、その亡霊に殺された」といった伝承は、実際に「亡霊」が殺したのではなく、その人間の自責の念が、精神錯乱を招き、自らの死を招き寄せたのであろう。

なぜ、筆者は、そう考えるのか。

なぜなら、**ゼロ・ポイント・フィールドの持つ「浄化力」は、我々の想像を遥かに超えたものだからである。**

すでに述べたように、ゼロ・ポイント・フィールドにおいては、我々の「自我」は、もはや「肉体」の苦しみを感じることもなく、「肉体」が消滅することによる「死」の恐怖を抱くこともないため、苦痛や恐怖や不安などは、自然に消えていく。

そして、このフィールドにおいては、すべての情報や知識や叡智に触れることができるため、自分と他者、自分と世界を分けていた「境界」が無くなり、それに伴う「葛藤」や「苦悩」も無くなっていく。

それが、筆者が、「**ゼロ・ポイント・フィールドの持つ浄化力**」と呼んでいるものであるが、**この「浄化力」によって、我々の「自我」は、その存在意義を失い、自然に消えていく**のである。そして、このフィールドの持つ、「自我」という「苦しみの根源」を消し去っていく力は、「自我」そのものの「存続力」など比較にならぬほど強い力である。

それゆえ、もし、あなたの肉親や愛する人が、平和で幸せな思いで他界することができず、無念の思いや怒りや恨みを抱いて他界されたとしても、心配をされる必要は無い。

ゼロ・ポイント・フィールドの「浄化力」は、すでに、その肉親や愛する人の意識を、平和で幸せなものへと浄化してくれているだろう。

なぜ、世界の宗教は「忘却の物語」を教えるのか

　さて、以上述べてきたように、肉体の死後、我々の意識の中心はゼロ・ポイント・フィールドに移るが、その後、意識の中の「自我」が次第に消えていき、それに伴って「個的意識」としての「私」が消えていき、我々の意識は「苦しみ」から解放されていく。

　しかし、一見、それは良いことのように思えるが、実は、この「現実世界」に生きる我々にとっては、やはり、そのことを想像すると、心の中に「恐怖」と「不安」が生まれてくる。

　それは、当然のことであろう。

　この厳しい「現実世界」を、「自我」の働きによって生き抜いている、我々、生身の人間にとっては、たとえ、死後であっても、たとえ、意識の中心がゼロ・ポイント・フィールドに移った後であっても、自分の「自我」が消えていくことは、「私」が消えていくこ

とであり、それを想像すると、やはり、「恐怖」であり、「不安」なのである。

それゆえ、この「私が消えていくこと」への「心の準備」を教えているのが、様々な宗教が語る、**「死に際しての忘却の物語」**である。

例えば、我が国の仏教においては、死後、人間は「三途《さんず》の川を渡る」とされているが、このとき、三途の川の水を飲むと、生きているときの記憶を、すべて忘れるとされている。

また、同様の思想は、ギリシア神話にも語られており、人間は死後、レテの川（忘却の川）を渡るが、その水を飲むと、やはり、すべての記憶を失うとされている。

では、この世界の宗教に共通の「忘却の物語」は、何を意味しているのか。

フィールド内で、我々の意識は、「私」を忘れ、「すべて」を知る

この物語を表面的に解釈すると、この「忘却の水」を飲むことによって、我々は「すべ

て」を忘れ、頭や心の中が「真っ白」になるようなイメージを持たれるかもしれないが、実は、そうではない。

思い起こして頂きたい。このゼロ・ポイント・フィールドは、この宇宙のすべての出来事のすべての情報を記憶しているのである。されば、このゼロ・ポイント・フィールドに移った意識が、**「すべての記憶」を忘れることは無い。むしろ、「すべての記憶」に触れることができるようになる**のである。

特に、「自我」が消えた後は、**「世界」と「私」を隔てていた強固な「自我の壁」**が消えるため、我々の意識は、すべての情報や知識や叡智に触れることができるのである。

すなわち、この「忘却の川」の物語が伝えようとしているのは、我々の意識がゼロ・ポイント・フィールドに移った後、**自我（エゴ）としての「私」を主語とした記憶が**、すべて消えていくということを述べているのである。

例えば、

「私は、いつの時代に、どこに生まれた、誰であるか」
「私は、いつ、どこで、誰と、何をしたか」
「私は、何を考え、何を思い、何を喜び、何に苦しんだか」

といった、「私」（エゴ）を主体とした記憶が、すべて消えていくということを述べているのである。

しかし、それは、頭や心の中が「真っ白」になることを意味しているのではない。

なぜなら、その代わり、ゼロ・ポイント・フィールドに移った我々の意識は、「自我意識」が消えていくとともに、この宇宙のすべての情報や知識や叡智に触れることができるようになるからである。

そして、上記の「私は、……」の主観的情報も、決して、すべて消えてしまうわけではない。それは、「田中太郎は、……」といった客観的情報として、ゼロ・ポイント・フィールドの中に、残り続けていく。

すなわち、**我々の意識は、「私」を忘れ、「すべて」を知るのである。**

なぜ、臨死体験では、「光の存在」に会い、「至福」に満たされるのか

それゆえ、そのことを、臨死体験から戻った人々は、異口同音に、「**あの死後の世界では、すべての叡智が自分の中に流れ込んでくる感覚に包まれた**」と述べているのである。

そして、この体験を擬人的なイメージで語ったのが、「**死後の世界では、光の存在に出会った**」「**神のような存在に迎えられた**」といった体験談であり、このイメージも、臨死体験から戻った人々が、異口同音に語っていることである。

そして、我々の意識は、ゼロ・ポイント・フィールドに移った後は、もはや「自我」に拘束されることもなく、「自我」が感じる恐怖や不安に駆られることもなく、「自我」が生み出す苦しみや悲しみを感じることもなくなるため、その状況を一瞬ではあるが経験した臨死体験者の多くは、「**死後の世界は、至福に満たされた世界であった**」「**元の現実世界に戻りたくないと思った**」と述べているのである。

さて、このように、肉体の死後、我々の意識は、ゼロ・ポイント・フィールド内の「深層自己」に中心を移していくが、このフィールド内では、「自我意識」は、その存在理由を失っていく。

その結果、**「深層自己」の中の「自我意識」は次第に消えていき、「深層自己」の中の我々の意識は、「自我を超えた意識」、すなわち「超自我意識」と呼ぶべきものになっていく**のである。

しかし、我々の意識が、死後、ゼロ・ポイント・フィールドに移った後、「自我意識」が消えていき、「超自我意識」へと変容していくのであるならば、最初に、我々の心に浮かぶ問いがある。

すでに亡くなった故人は、どうしているのか。

まず、次話では、そのことを考えてみよう。

第一〇話

フィールドに移行した「我々の意識」は、どうなるのか

死後、我々は、「肉親」と再会できるのか

我々の意識が、死後、ゼロ・ポイント・フィールドに移った後、「**自我意識**」が消えていき、「**超自我意識**」へと変容していくのであるならば、最初に、我々の心に浮かぶ問いがある。

すでに亡くなった故人は、どうしているのか。
特に、最も親しかった、あの肉親は、どうしているのか。

おそらく、あなたも、その疑問を抱かれているのではないだろうか。
そこで、この第一〇話では、二つの疑問について、考えてみよう。

第一は、次の疑問である。

「我々の意識が、死後、ゼロ・ポイント・フィールドに移行した後、そこで、『故人』と再会できるのか？　特に、すでに他界した『肉親』と再会できるのか？」

この疑問は、「死後の世界」について、多くの人々が抱かれる疑問であろう。
なぜなら、誰といえども、大切な「肉親」を失った後は、深い喪失感と孤独を感じ、その悲しみと寂しさの時期を経た後、その「肉親」と、いつか「遠い世界」で再会できるのではないか、との思いを抱くからである。

その痛苦な経験は、筆者にもある。

では、我々は、死後、ゼロ・ポイント・フィールドで、「肉親」に再会できるのか。

この疑問に対して、臨死体験をした人々の多くは、「光のトンネルを抜けると、至福に満ちた世界にいた。そして、そこには、すでに亡くなった懐かしい肉親が待っていてくれた」といった報告を、様々な形でしている。

では、死後、我々の意識がゼロ・ポイント・フィールドに移ると、本当に、ゼロ・ポイント・フィールドの中の「肉親」の意識と再会できるのだろうか。

それは、「再会」という言葉の意味を、どう捉えるかである。

ある意味で、我々は、肉親と「再会」できる。

しかし、それは、ゼロ・ポイント・フィールド内での「再会」であり、この現実世界での「再会」とは異なったものである。

すなわち、我々が、ゼロ・ポイント・フィールドで再会するのは、**「自我意識」が消え**

ていき「超自我意識」となった肉親である。それゆえ、その肉親は、かつて現実世界で触れ合ったような、明確なエゴを持ち、喜怒哀楽を表し、愛情と葛藤を共にした肉親ではない。すでに、そうしたものを超越した意識状態の肉親、文字通り「超自我意識」の肉親である。その意識状態の深い意味は、この後の第一一話で語ろう。

しかし、一方、ゼロ・ポイント・フィールドで「再会」する肉親は、ある意味で、生前のイメージのままの肉親である。かつての外見や表情、言葉や仕草などの個性は、そのままの肉親である。しかし、それは、実は、我々の意識が生み出すものである。

すなわち、死後、我々の意識は、ゼロ・ポイント・フィールド内の「深層自己」に中心を移すが、この「深層自己」には、まだ「自我意識」が強く残っている。そのため、我々の意識は、死の直後、ごく自然に、すでに他界した肉親に会いたいと思う。

すると、その想念が、ゼロ・ポイント・フィールドが記憶している肉親の「様々な情報」（外見や表情、言葉や仕草、感情や想念、知識や叡智など）を引き寄せ、そこに、懐かしい「肉親のイメージ」を生み出すのである。そして、我々の意識は、その「肉親のイメージ」と「対話」を行うこともあるだろう。

しかし、やはり、それは、現実世界での「再会」とは違う。

それは、ゼロ・ポイント・フィールドにおいて、我々の「自我意識」が、フィールド内の肉親の「様々な情報」を引き寄せ、生み出した「肉親のイメージ」と「再会」し、「対話」をするのである。

だが、このことは、ゼロ・ポイント・フィールドを「主体」として見るならば、実は、次のようにも言える。

ゼロ・ポイント・フィールドが、我々の「自我意識」の願いを感じ取り、フィールド内の肉親の「様々な情報」（外見や表情、言葉や仕草、感情や想念、知識や叡智など）を集め、それを「人格化したイメージ」として現すのである。

では、なぜ、筆者は、ここで、フィールドを「主体」とした視点を述べるのか。

それは、第八話で述べたように、**ゼロ・ポイント・フィールドとは、単なる「情報貯蔵庫」ではなく、「宇宙意識」と呼ぶべきものだからである。**

そして、**フィールド内の肉親の意識は、すでに「超自我意識」へと変容し、ある意味で、この「宇宙意識」と一つになっているから**である。

こう述べると驚かれるかもしれないが、その理由は、次の第一一話で詳しく述べよう。

そして、このフィールド（宇宙意識）が、我々の「自我意識」の願いを感じ取り、それを「人格化したイメージ」として現す、と述べると、筆者の心には一つの小説が浮かぶ。

我々の意識から「人格イメージ」を生み出すゼロ・ポイント・フィールド

それは、ポーランドのSF作家、スタニスワフ・レムの小説、『ソラリスの陽のもとに』（原題『Solaris』）である。

二〇世紀最高のSF作家の一人とも評されるレムのこの小説は、アンドレイ・タルコフスキー監督による旧ソ連版『惑星ソラリス』と、スティーブン・ソダーバーグ監督による米国版『ソラリス』の二つの映画が創られているほどの名作であるが、そのテーマは深遠であり、まさに、「ゼロ・ポイント・フィールド」と「我々の意識」の関係の見事なメタファー（隠喩）となっている。


この小説の物語は、次のような設定で始まる。

ある未来において、人類は、宇宙の彼方に「ソラリス」という惑星を発見する。

その惑星の上に広がる「海」は、不思議な力を持っており、惑星研究のために、そこに近づいた人間の「心の中」を感じ取り、その心の中にある人物のイメージを「現実化」して、目の前に出現させるのである。

そのため、この惑星ソラリスの謎を探るために宇宙ステーションを訪れた、主人公の心理学者、クリス・ケルヴィンは、何年も前に他界した妻、ハリーと、不思議な「再会」をすることになる。

ここから、深遠なテーマを語る物語が始まるのであるが、その物語の展開はさておき、筆者には、この「ソラリスの海」のイメージが、「ゼロ・ポイント・フィールド」のイメージと重なる。

すなわち、このゼロ・ポイント・フィールドが、「ソラリスの海」のように、我々の「自我意識」の願いを感じ取り、フィールド内にある肉親の情報（外見や表情、言葉や仕草、感情や想念、知識や叡智など）を集め、そこに、「**人格化したイメージ**」を生み出すのである。

このように、死後、ゼロ・ポイント・フィールドにおいて、我々は、懐かしい肉親と「再会」することはできる。しかし、それは、フィールドに、その肉親が「自我意識」（エゴ）を持って存在し続け、我々の「自我意識」と再会するのではない。

ゼロ・ポイント・フィールドで「再会」するのは、たしかに、かつての外見や表情、言葉や仕草などの個性のイメージを持った「肉親」であるが、その「人格イメージ」の奥にあるのは、すでに「自我意識」が消え去っていった肉親の意識、すなわち、「**超自我意識**」**へと変容した肉親の意識**である。

では、「超自我意識」とは、どのような意識か。

それは、その言葉通り、自分と他者を分けず、自分と世界を分けない「**自他一体**」の意識であり、古くから「**愛一元**」と呼ばれてきた意識である。

では、この「愛一元」とは、いかなる意識の状態か。

「愛一元」とは、いかなる意識の状態か

それは、文字通り、「愛しかない」という意識であるが、ここで、誤解をしないで頂きたい。

それは、世界を「愛」と「憎」に分けたうえで、「愛しかない」という意味ではない。「一元」とは、そうした「**二項対立的**」な意味ではない。「**二元論的**」な意味ではない。

真偽、善悪、美醜、愛憎、好悪、幸不幸、運不運といった「二項対立」「二元論」を超えた、**「すべては一つ」**という意識、**「全一性」**の意識である。

そして、**世界のすべての宗教が教える「愛」の真の意味は、この「すべては一つ」という「全一性」の意味に他ならない。**

そのことを、英国の作家、オルダス・ハクスリーは、古典的名著『永遠の哲学』（原題『The Perennial Philosophy』）の中で、キリスト教、仏教、イスラム教、ヒンズー教など、世界の様々な宗教を仔細に調べ、すべての宗教が、その教義の根底に、究極、「Oneness」（一つなるもの）を述べていることを明らかにしている。

また、かつて**「トランスパーソナル心理学」**の代表的思想家であり、近年、**「インテグラル思想」**を提唱し、世界の注目を集めている、ケン・ウィルバーも、その著書『無境界』（原題『No Boundary』）の中で、我々の「自我意識」が、世界の中に様々な「境界」を設け、その「境界」において、自分と他人、味方と敵、真と偽、善と悪、美と醜、愛と憎などの「対立」を生み出し、そのことによって、様々な「葛藤」や「苦しみ」を生み出していることを述べている。そして、その「自我意識」が消え、その「境界」が消えたとき、「葛藤」や「苦しみ」も消え、そこに、「至福に満ちた世界」、「愛一元の世界」が現れることを述べている。

「愛一元」とは、まさに、そうした意味であるが、その意味において、我々の「自我意識」は、「超自我意識」へと変容した後、「愛一元」の意識になっていくのである。

そして、すでに他界した肉親もまた、外見や個性は、かつての姿でありながら、その意識は、「愛一元」の意識として、我々と「再会」するのである。

それが、臨死体験をした人が、すべて、その「肉親」との再会を、「**愛に満ちた再会であった**」と感じ、そう報告している理由に他ならない。

なぜ、「祈り」を捧げると、故人は、我々を導くのか

では、「すでに亡くなった故人」について、我々の心に浮かぶ、第二の疑問は、何か。

それは、おそらく、次の疑問であろう。

「故人や肉親は、ゼロ・ポイント・フィールドに移った後、現実世界の我々を導いたり、守ったりすることがあるのか？」

この疑問に対して、筆者は、自身の体験も踏まえ、「それは、ある」と考えている。

例えば、第四話では、筆者が、週末の貸別荘を探しているとき、森の中で、何かの声を聴いたような気がして、目の前のカフェに入り、奇跡的なタイミングで貸別荘の縁に導かれた体験を述べたが、実は、このとき聴こえてきた声は、両親の声であった。

そして、筆者は、人生の岐路において、すでに他界した両親に導かれ、守られたと感じる体験が数多くある。もしかすると、あなたにも、そうした体験があるかもしれない。

では、そうした体験、「すでに他界した肉親に導かれた」「すでに故人となった肉親に守られた」と感じる体験は、なぜ、起こるのか。

それも、やはり、ゼロ・ポイント・フィールド内に「自我意識」（エゴ）を持った肉親が存在しているからではない。肉親の「自我意識」が、「導こう」「守ろう」と思っているからではない。

それは、実は、我々の心の奥深くの無意識の世界に、「すでに他界した肉親に導いてもらいたい」「すでに故人となった肉親に守ってもらいたい」といった想念があるからであり、その想念が、ゼロ・ポイント・フィールドに存在する肉親の「超自我意識」を通じて、「必要な情報」や「良い情報」を引き寄せるからである。

ここで大切なことは、「**肉親に導いてもらいたい、守ってもらいたい**」という想念があるということと、「**肉親の超自我意識を通じて**」ということである。

なぜなら、本来、我々は、無意識の世界を通じて、ゼロ・ポイント・フィールドに繋がり、そこから、様々な情報を得ることができるのであるが、表面意識の世界に、「あの情報が欲しい」「この情報を得たい」といった「自我」（エゴ）の想念が強く存在すると、それが、むしろ、このフィールドに繋がることを妨げてしまうからである。

これに対して、「すでに他界した肉親に導いてもらいたい」「すでに故人となった肉親に守ってもらいたい」といった想念は、愛情や思慕と結びついたポジティブな想念であり、あまり「自我」（エゴ）が強く表れた想念ではないため、我々の無意識が、ゼロ・ポイント・フィールドに繋がりやすくなるのである。

そして、すでに述べたように、「超自我意識」は、「自我の障壁」を作らないがゆえに、ゼロ・ポイント・フィールド内の様々な情報に、容易に触れることができる。そのため、肉親の「超自我意識」は、我々の願いに応える「必要な情報」や「良い情報」を、容易に引き寄せることができるのである。我々の無意識が「肉親の超自我意識」に繋がることが大切な意味を持つと述べるのは、それが理由である。

筆者は、そう考えているがゆえに、父母を亡くされた遺族の方には、必ず、「お父様は、天界から導いてくれていますよ」や「お母様は、天界から守ってくれていますよ」と語りかける。

それは、慰めとして申し上げているのではない。もし、その遺族が、本当に「両親は、天界から、自分を導き、守ってくれている」と深く信じるならば、その想念が、実際に、その「天界」（ゼロ・ポイント・フィールド）から、両親の「超自我意識」を通じて、「必要な情報」や「良き情報」を引き寄せるからである。

そして、筆者は、ときに、遺族の方に、日々の習慣として、他界した肉親を心に抱きながら、「導きたまえ」「守りたまえ」と祈ることを勧めている。

なぜなら、**「祈り」とは、ゼロ・ポイント・フィールドに繋がる最良の方法**であるからであり、深い祈りの中で、肉親に対して「問い」を投げかけ、「導きたまえ」と語りかけるならば、しばしば、何かの「答え」が聞こえてくるからである。

それは、決して「思い過ごし」ではなく、我々が深い「静寂意識」の中にあるならば、不思議なほど、必要なときに、何かの「声」が聞こえてくるのである。

ただ、こう述べると、もしかして、あなたは、戸惑われるかもしれない。
人生において、ときに、我々は、肉親と心が離反した時期を過ごし、心の葛藤を抱えたまま、肉親を見送ることがあるからだ。ときに、肉親との反目の時代が続き、心の和解をすることなく、肉親が他界してしまうことがあるからだ。

しかし、もしあなたが、肉親との間で、そうした葛藤や反目があったとしても、決して戸惑われる必要は、ない。
なぜなら、すでに、その葛藤や反目は、消え去っているからだ。

故人は、「裁き」の心を持たず、静かに我々を見つめる

もう一度、思い起こして頂きたい。

他界した後、ゼロ・ポイント・フィールドに移行した肉親の意識は、もはや、「エゴ」に拘束された「自我意識」ではない。それは、他界した後、一定の期間を経て、すでに「エゴ」が消え去っていった「超自我意識」である。

すなわち、ゼロ・ポイント・フィールドにおいては、肉親の意識は、「エゴに拘束され、喜怒哀楽に振り回される自我意識」としてではなく、すでに、「エゴから解き放たれ、『愛一元』となった超自我意識」として、存在するのである。

それゆえ、すでに他界した肉親が、ゼロ・ポイント・フィールドから我々を見つめる眼差しは（もし、そうしたものがあるとすれば…）、「**エゴの感情**」によって我々を裁き、「**是非善悪の想念**」によって我々を裁くような眼差しではない。

それは、**ただ静かに、すべてを包み込むように、我々を見つめる眼差し**であろう。

そのことを教えてくれるのが、名著『大和古寺風物詩』を遺した、文芸評論家の亀井勝一郎の言葉である。

彼は、ある著書の中で、「**仏の慈悲とは、ただ静かに我々を見つめ、すべてを見透す眼差しである**」という主旨のことを述べている。

たしかに、広隆寺の弥勒菩薩の像などを見ると、我々の悪も、罪も、過ちも含め、それを裁くことなく、ただ静かに見つめる、透明な眼差しを感じる。

そして、その眼差しを受けるとき、我々は、なぜか、深い救いを感じるのである。

されば、我々もまた、いつか、死を迎えたとき、その意識の中心はゼロ・ポイント・フィールドに移り、しばし「自我」が残る期間を経て、まもなく、この「超自我意識」へと変容していく。

そして、その「超自我意識」に変容した我々は、一切の「裁き」の意識を持たず、「愛一元」の眼差しで、この世界を見つめ、遺された人々を見つめるのであろう。

第一二話

死後、「我々の意識」は、どこまでも拡大していく

成長を続け、拡大を続け、時空を超えていく「死後の意識」

では、死後、我々の意識が「超自我意識」に変容した後、その「超自我意識」は、さらに、どこに向かうのか。

まず、この「超自我意識」は、ゼロ・ポイント・フィールド内の様々な情報や知識や叡

智に触れながら、変化を続け、成長を続け、拡大を続けていく。

なぜなら、この「超自我意識」は、「自我の障壁」が無くなっているため、フィールド内に存在する、この宇宙のすべての出来事のすべての情報に繋がることができるからである。

ただし、とはいっても、この「超自我意識」は、この宇宙のすべての出来事のすべての情報に、**「一挙」に繋がるわけではない。**

この「超自我意識」は、まず、ゼロ・ポイント・フィールド内の膨大な情報のうち、「身近な領域の情報」から始まって、「広い領域の情報」へと、その繋がる対象を拡大していく。従って、「超自我意識」は、まず「人々の意識」(思考や想念、知識や叡智など)の情報を引き寄せ、繋がっていくが、それも、自身に近い人々の情報から繋がり始め、徐々に、広い領域の人々の情報へと、その繋がりを拡大していく。

それゆえ、この「超自我意識」は、当初、家族意識のような領域から始まり、徐々に、共同体意識や国家意識のような領域へと拡大し、いずれ、人類全体の意識、すなわち**「人類意識」**と呼ばれるものへと拡大していく。

こう述べると、あなたは驚かれるかもしれないが、実は、我々の「意識」は、この「現実世界」での「表面意識」も含めて、**「意識の領域を徐々に拡大していく」**という自然な性質を持っている。

卑近な例を挙げるならば、例えば、ある企業に入社した新入社員は、当初、その意識は、「私は」という狭い領域に限定されている。しかし、もし、この社員の意識が自然に成長に向かうならば、徐々に、その意識の領域は広がっていき、まず、「我々のチームは」となり、「我が部署は」「我が社は」となり、「我が業界は」「我が産業は」を経て、いずれ、「我が国は」、さらには「世界は」といった領域へと広がっていく。

同様に、ゼロ・ポイント・フィールド内での「超自我意識」も、「意識」の自然な性質として、その領域を徐々に拡大していき、いずれ、「人類意識」と呼ばれるものへと拡大していく。

しかし、「領域を拡大していく」という、「意識」のこの性質は、「人類意識」が終着点ではない。この意味は、この後、詳しく語ろう。

このように、「超自我意識」は、ゼロ・ポイント・フィールド内で、まず、「人類意識」へと拡大していくが、実は、この「現実世界」においても、我々の「無意識」は、すでに「人類意識」と呼ばれるものと繋がっているのである。

そのことを教えているのが、すでに述べたように、スイスの心理学者、カール・グスタフ・ユングであり、彼は、その「**ユング心理学**」の中で、「**集合的無意識**」という考えを提唱している。

これは、端的に言えば、すべての人々の無意識の世界が繋がった「**人類共通の無意識の世界**」がある、という考えである。

また、近年、注目を集め、理論的にも発展してきた「**トランスパーソナル心理学**」も、「トランスパーソナル」、すなわち「**個を超えた無意識の世界**」が存在していることを述べている。

すなわち、このユング心理学とトランスパーソナル心理学は、いずれも、本書で述べる「超自我意識」の世界を論じており、我々は、この「現実世界」に生きている間にも、すでに、「人類意識」と呼ぶべき世界に繋がっていることを述べているのである。

そして、もし、そうであるならば、死後、我々の意識が、多くの人々の意識と繋がりながら、その領域を広げ、いずれ「人類意識」と呼ぶべきものへと拡大していくことは、極めて自然なことであろう。

しかし、「超自我意識」の拡大は、この「人類意識」が終わりではない。

ゼロ・ポイント・フィールドにおいて、我々の意識は、この「人類意識」も超え、さらに広がっていく。

すなわち、「超自我意識」は、四六億年前にこの地球という惑星が生まれてから、この惑星の上に誕生し、生存し、死滅していった「**すべての生命の意識**」にも触れるため、この「人類意識」は、さらに「**地球意識**」と呼ぶべきものへと広がっていく。

ここで「すべての生命の意識」と述べると、あなたは、驚かれるかもしれないが、実は、「人間の意識」だけでなく「すべての生命の意識」を視野に入れる思想は、これもまた、この「現実世界」において、近年、様々な形で広がっている。

「地球」をも包み込み、さらに広がる「死後の意識」

例えば、従来の「人間中心のエコロジーの思想」は、かなり以前から、**「すべての生命を包摂したディープ・エコロジーの思想」**へと深化している。

この「ディープ・エコロジー」の思想は、ノルウェーの哲学者、アルネ・ネスが提唱したものであるが、**「すべての生命存在は、人間と同等の価値を持つ」**という考えに基づいた思想である。

また、ルース・ハリソンの著書『アニマル・マシーン』に触発されて世界中に広がった**「アニマル・ウェルフェア」（動物福祉）**の思想は、動物たちの痛みや苦しみにも心を向ける思想である。

このように、「現実世界」においても、すでに、「人間の意識」だけでなく、「すべての生命の意識」を見つめる思想は、深く、静かに広がっており、それゆえ、ゼロ・ポイント・フィールドにおいても、この「人間の意識」だけでなく「すべての生命の意識」を包み込む意識形態、すなわち、「地球意識」と呼ぶべきものへの拡大は、自然に進んでいくだろう。

しかし、次のことを述べると、あなたは、さらに驚かれるかもしれない。

死後、我々の意識は、「超自我意識」になり、それは、「人類意識」を超えて「地球意識」と呼ぶべきものへと広がっていくが、それも、当初は、地球上の「**すべての生命の意識**」を包摂するものであるが、いずれ、地球上の「**すべての存在の意識**」を包摂するものへと拡大していく。

この「**地球上のすべての存在の意識**」と述べると、あなたは、唐突に感じられるかもしれないが、実は、そうした思想もまた、この「現実世界」で、すでに広がっている。

例えば、英国の惑星科学者、ジェームズ・ラブロックは、その著書『地球生命圏　ガイアの科学』（原題『Gaia：A New Look at Life on Earth』）において「**ガイア理論**」と呼ぶものを提唱している。

これは、彼がＮＡＳＡの火星探査計画に参画している間に得た科学的知見から生み出した理論であるが、**この地球そのものが**「**巨大な生命体**」**であるとする理論**であり、この理論は、その後、地球環境問題に関心を持ち、その解決に取り組む様々な人々に大きな影響を与えてきた。

もとより、「地球そのものが、巨大な生命体である」という、この「ガイア理論」には、一部の科学界では、従来の「**伝統的な生命の定義**」という観点から、否定的な意見も出されてきた。

しかし、実は、この「ガイア理論」は、そもそも「**生命とは何か**」「**生きているとは何か**」ということの、根本的なパラダイム転換を述べているのであり、「**全く新しい生命の定義**」を述べているのである。

このことは、拙著『ガイアの思想』においても述べたが、むしろ、現代の科学は、「生命とは何か」「生きているとは何か」について、その定義の根本的な見直しをするべき時代を迎えていることを理解すべきであろう。

この「定義の見直し」の意味は、このすぐ後に述べるが、もし、ラブロックが提唱する、この「ガイア理論」が正しいならば、すなわち、もし、この「地球」というものが「巨大な生命体」であるならば、実は、それは**「意識」を持つ**と考えられる。

それは、なぜか。

なぜ、「地球」にも「意識」が芽生えてくるのか

実は、このことを、最も端的に語ったのが、米国の人類学者、グレゴリー・ベイトソンである。

ベイトソンは、大著『精神の生態学』(原題『Steps to an Ecology of Mind』)を始め、様々な分野で、洞察的な著作と発言を残している「知の巨人」であるが、彼は、ある著作において、

「複雑なものには、命が宿る」
「心とは、生きていることの証である」

と語っている。

この言葉は、実は、第二話で述べた、現代の最先端科学「複雑系科学」が研究している**「複雑系」（Complex Systems）**の本質を、見事に指摘したものである。

すなわち、「複雑なものには、命が宿る」ということを複雑系科学の専門用語で言えば、

システム内部の相互連関性が高まっていくと（システムが複雑になっていくと）
自己組織化や創発という性質が生まれてくる（生命的な性質が現れてくる）

ということである。

すなわち、「地球」のような巨大なシステムにおいても、その内部で、水や空気や土壌、海洋や大気や大地、微生物や植物や動物、生命や生物種や生態系が複雑に絡み合い、複雑

化していくと、**そのシステム全体に「生命」としての性質が現れてくる**のであり、そのようにして**「生命」が芽生えたシステムには、自然に「意識」と呼ぶべきものが芽生えてくる**ということを、ベイトソンは述べているのである。

それゆえ、もし、ラブロックが述べたように、「地球」が「巨大な生命体」であるならば、ベイトソンが述べたように、この「地球」そのものにも「意識」が芽生えてくるということは、「複雑系科学」の視点から見ても、決して荒唐無稽な考えではない。

さて、こう述べてくると、ゼロ・ポイント・フィールドにおける「地球意識」というものが、この地球上の「**すべての生命の意識**」と「**すべての存在の意識**」、さらには「**地球そのものの意識**」と深く繋がった意識の状態であることを理解して頂けるだろう。

しかし、実は、こうした「地球意識」を語る思想は、人類の様々な「宗教思想」においては、昔から色々な形で語られてきた。

例えば、日本の「仏教」の思想においては、「**山川《さんせん》草木《そうもく》国土《こくど》悉有《しつう》仏性《ぶっしょう》**」という言葉が語られてきたが、これは、草木はもとより、山も川も、この大地も、すべてに「仏性」が宿っているとの思想である。

すなわち、「仏教」は、「風」にさえも「仏性」が宿ると語っているが、生命以外の「すべての存在」にも「仏性」が宿ると考える思想は、ある意味で、すべてが「心」を持ち、「意識」を持っているという思想に他ならない。

また、人類の最も古い宗教の形態と考えられる「**アニミズム**」（**自然崇拝**）は、元々、この自然そのものに「神」が宿るとする思想であり、これもまた、ある意味で、「自然」、すなわち「地球」そのものに「意識」が宿っているとする思想であると言える。

そして、このアニミズムは、日本においては、「**八百万の神**」**を掲げる**「**神道**」として、高度に洗練された宗教になっている。

では、こうした「アニミズム」や「多神教」とは異なった「一神教」であるキリスト教の世界では、どうか。

実は、このキリスト教世界においても、「人類意識」や「地球意識」と呼べる思想が語られている。

例えば、フランスのカトリック司祭でありながら、古生物学者、地質学者としても優れた業績を挙げ、歴史的著書『現象としての人間』において、「**宇宙の壮大な進化論**」を語った、ピエール・テイヤール・ド・シャルダンも、そうした思想を語っている。

彼は、この著書において、次のように、宇宙の壮大な進化のプロセスを論じている。

まず、宇宙は、この地球を生み出し、進化の第一段階として、この地球上に「生物圏」(バイオスフェア)を生み出した。そして、この「生物圏」においては、生物の進化が進み、高度な知性を持つ「人間」を誕生させた。

そして、宇宙は、この進化の第二段階として、この地球上に、人間の知性や意識がさらに高度なものへと進化していく「**精神圏**」(**ヌースフェア**)を生み出し、いま、人類は、この「精神圏」において、知性と意識のさらなる進化の道を歩んでいる。

すなわち、テイヤール・ド・シャルダンは、この「精神圏」(ヌースフェア)の思想を語ることを通じて、キリスト教的世界観と科学的世界観の統合を試みたと言われるが、実は、この「精神圏」（ヌースフェア）の思想もまた、「人類意識」を語ったものであり、「地球意識」への入口になる思想と言える。

そして、キリスト教世界では、テイヤール・ド・シャルダン同様、「異端」とされながら「**汎神論**」を提唱した哲学者、バールーフ・デ・スピノザもまた、その哲学は「**神即自然**」、すなわち「自然」のすべてに神が宿るという思想であり、ある意味で、「すべての存在に意識が宿る」という思想に他ならない。

このように、いま、我々が生きている「現実世界」においても、様々な思想として、「人類意識」が語られ、「地球意識」が語られているのであり、それらの思想は、いまも我々の意識と無意識に影響を与えながら、静かに広がっているのである。

そうであるならば、死後、我々の意識がゼロ・ポイント・フィールドに移った後、それが、「超自我意識」を経て、「人類意識」や「地球意識」と呼ぶべきものへと成長し、拡大していくことは、極めて自然なことであろう。

最後は、「宇宙全体」へと広がっていく「死後の意識」

では、この「地球意識」へと拡大した、我々の意識は、さらに、どこに向かうのか。

それは、さらに、究極の意識、「宇宙意識」へと拡大していく。

すなわち、ゼロ・ポイント・フィールドにおいて、「地球意識」へと広がった我々の意識は、この宇宙の誕生以来、一三八億年の、すべての情報に触れることができるため、さらに拡大を続け、究極、この宇宙の視点ですべてを見つめる意識、「宇宙意識」へと拡大し、この「宇宙意識」と合一していく。

この「宇宙意識」という言葉は、一九七〇年代から始まった「ニューエイジ思想」においても、「地球意識」という言葉とともに、しばしば使われてきた言葉であり、また、様々な「スピリチュアル思想」においても、好んで使われてきた言葉である。

しかし、残念ながら、こうした思想において、この「宇宙意識」という言葉は「シンボル的」に使われていることが多く、**この「宇宙意識」がどのようにして生まれてきたものであり、それがどのようなものであるかは、明確には語られてこなかった。**


では、この「宇宙意識」とは、どのような意識であろうか。

実は、この領域になると、純粋に科学的な視点だけから論じ、「科学的想像力」で論じることには限界がある。それを、敢えて言葉にすれば、「**この宇宙のすべてと一つになった意識**」といった抽象的な表現しか生まれてこない。

従って、現実世界に生きる人間の感覚では極めて想像し難い、この「宇宙意識」というものを、敢えて想像し、イメージして頂くためには、「**科学的想像力**」よりも「**文学的想像力**」によるイメージを紹介することが、一つの助けとなるだろう。


その一つの文学作品を挙げるならば、余りにも有名なＳＦ文学であるが、アーサー・Ｃ・クラークの『二〇〇一年　宇宙の旅』（原題『2001 : A Space Odyssey』）がある。

このSF小説は、巨匠スタンリー・キューブリック監督によって同名の映画も製作され、これも不朽の名作とされているが、この物語では、太陽系惑星への飛行中の宇宙船ディスカバリー号において、人工知能HALが反乱を起こし、乗務員が殺されるなど、様々な事件が続く。そして、この物語のクライマックスで、謎の物体「モノリス」に接近した主人公、宇宙飛行士のデイビッド・ボーマンが、最後に、「宇宙意識」のような存在と一つになっていく場面で終わる。

その最後の場面の描写は、ボーマンが「スターチャイルド」となり、宇宙空間から、静かに、地球を見つめているところで終わる。

一方、映画においては、この「スターチャイルド」は「胎児」の姿として描かれるが、この小説と映画の作品は、我々に、「宇宙意識」について、大切な「二つのイマジネーション」を教えている。

いまだ「幼年期」の段階にある「宇宙意識」

一つは、もし、「宇宙意識」というものがあるならば、その意識は、この宇宙のすべてを、文字通り、**すべてを、ただ静かに見つめ、眺めている**であろうとのイマジネーションである。

もう一つは、**「宇宙意識」の姿が「胎児」である**というイマジネーションである。

すなわち、この「宇宙意識」が胎児の姿をしていることのメタファー（隠喩）は、この宇宙に意識があるとすれば、それは、人間に喩えて言えば、まだ「胎児」や「幼児」のような段階ではないか、との隠喩である。

たしかに、そうであろう。誕生から一三八億年を経たとしても、まだ、宇宙の歴史は始まったばかり。この宇宙で、さらに何が起こっていくのか、それが何を目指しているのか、この「宇宙意識」そのものも含め、誰も知らない。

なぜなら、百億年、千億年という壮大な年月をかけた、この宇宙の歩みは、「**予定調和**」の歩みではないからである。すなわち、あらかじめ「何かのシナリオ」や「何かの目的」が定められた旅ではないからである。

だが、先ほど紹介したテイヤール・ド・シャルダンは、宇宙と人類の壮大な進化を述べた著書『現象としての人間』において、「すべての進化は、『オメガ点』に収斂《しゅうれん》していく」と述べ、ある意味で「**予定調和**」**の思想**を語っている。

しかし、筆者は、その思想を採らない。

なぜなら、**我々の**「**自我意識**」（**エゴ**）**は、必ず、こうした**「**予定調和**」**の思想に流れる傾向がある**からである。

それは、「**未来は定まっていない**」という思想に、我々の「自我意識」は耐えられないからである。その「**実存的な不安**」に、耐えられないからである。

それゆえ、どのような思想も宗教も、**必ず、最後は、何かの**「**大団円**」「**美しいフィナーレ**」**を語ろうとしてしまう。その誘惑に、駆られてしまう。**あれほど先進的な思想を語ったテイヤール・ド・シャルダンも、その例外ではなかったのであろう。

では、筆者の思想は、いかなるものか。

自己組織化する「宇宙」の創造的プロセス

筆者は、この宇宙は、「**目的の無い旅**」を続けている存在であると考えている。

ただ、ここで「目的の無い」と述べると、あなたは戸惑われるかもしれないが、逆に「目的が有る」と述べた瞬間に、「では、その目的は誰が定めたのか」といった問いが生まれ、その瞬間に、この宇宙の「創造者」を想像し、より上位の存在を想定することになってしまう。

しかし、この思考法を採るかぎり、我々の想像は、無限のプロセスに入ってしまう。すなわち、その「創造者」を想定すると、さらに、その「創造者」を創造した「超創造者」の議論となり、さらに、その「超創造者」を創造した「超・超創造者」の議論へと、無限の思考プロセスに入ってしまう。さもなくば、どこかで、「これが、究極の創造者であり、これが神である」といった「思考停止」に入ってしまうのである。

では、この宇宙が「目的の無い旅」を続けているとは、いかなる意味か。

このことを科学的な言葉で説明するならば、「**この宇宙は、自己組織化を遂げ続けている**」ということである。

この「**自己組織化**」(Self Organization)とは、二〇世紀後半の科学界において、極めて重要なキーワードになった概念であり、ベルギーの化学者、イリヤ・プリゴジンは、この「自己組織化」に関する研究で、ノーベル化学賞を受賞している。

この「自己組織化」とは、分かりやすく言えば、「**外から誰かが意図的に働きかけなくとも、あるシステムが、自然に『秩序』や『構造』を生み出す性質**」のことである。

そして、実は、自然界のすべての現象や出来事は、すべて、この「自己組織化」のプロセスによって起こっているのである。

分かりやすい例が、雪の結晶である。これは、顕微鏡で見ると、二つとして同じものが無いほど、極めて多様で美しい幾何学模様を形作っているが、これらは、誰かがデザインをしたものではなく、すべて「自己組織化」のプロセスで生まれたものである。

そして、この「自己組織化」のプロセスは、プリゴジンも、その著書『混沌からの秩序』（原題『Order Out of Chaos』）で述べているように、「システムの片隅の**小さなゆらぎが、そのシステムの進化の未来を決めてしまう**」ため、「**偶然に起こる小さな変化によって、未来は大きく変わってしまう**」のである。

では、この宇宙が「自己組織化」していく存在であるとするならば、それは、何を意味しているのか。

この宇宙の歩みは、文字通り「**創造的プロセス**」であるということに他ならない。

原初的な意識から、一三八億年をかけ、成長し続ける「宇宙意識」

すなわち、一三八億年前に量子真空から生まれた、**この宇宙は、様々な偶然によって起**

こる小さな「ゆらぎ」によって、その姿を多様に変えながら、何も定まっていない未来に向かって進化を続けているのである。

それは、文字通り「**創造的**」と呼ぶべきプロセスであり、この宇宙の一三八億年をかけた自己組織化の旅と創造的な歩みを、見事に描き出したのが、オーストリア生まれの思想家、エリッヒ・ヤンツの大著『自己組織化する宇宙』(原題『The Self-Organizing Universe』) である。

従って、もし、この「宇宙」に「宇宙意識」というものがあるならば、それは、次の「二つの性質」を持っているということを、我々は理解すべきであろう。

第一　「宇宙意識」とは、何か「完全」なものではなく、それ自身が、**不断の「成長」と「進化」のプロセス**にある。

第二　「宇宙意識」の、その「成長」と「進化」のプロセスは、予め何も定まっておらず、**極めて「創造的」なプロセス**である。

すなわち、一三八億年前に量子真空から生まれた、この宇宙は、当初、「意識」と呼ぶべきものがあったとしても、極めて「原初的」なものであった。

そのことを、第二話で、筆者は、「量子や素粒子にも、極めて原初的な次元での意識がある」との考えを紹介する形で述べたが、初期の宇宙の、この「**極めて原初的な意識**」が、一三八億年かけて、この宇宙の片隅の、地球という惑星の上に、我々人類のような「**高度な意識**」を生み出したのである。

ただし、ここで、何を「**高度**」と考えるかは、何を「**基準**」とするかによって、異なる。別の「基準」から見るならば、現在の人類の意識は、まだ、極めて「**幼稚な次元**」にあるとも言える。

そのことは、先ほどのＳＦ作家、アーサー・Ｃ・クラークが、著書『幼年期の終わり』（原題『Childhood's End』）において、まさに「**人類の幼年期**」という思想とともに、想像力豊かに語っている。

実際、人類の歴史始まって以来、数千年を経ても、いまだ、悲惨な戦争を続け、多くの死者と難民を生み出し、資源を浪費し、環境を破壊し、気候危機による大量の被災者と食糧危機による大量の餓死者を生み出している、この人類の現状を見るならば、人類の意識は、まだ極めて「幼稚な次元」にあるとの考えも、肯《うなず》かざるを得ない。

しかし、もし、この「宇宙意識」が、その誕生の直後から、宇宙で起こるすべての出来事を記憶しながら、成長し、進化を続けている存在であるならば、その成長と進化とは、実は、この宇宙の中で生まれている「無数の意識」の成長と進化に他ならない。そして、その「無数の意識」の中で、重要な位置を占めているのが、我々人類の意識、「人類意識」であることは論を待たないであろう。

そして、このことは、さらに、**この現実世界で、我々一人一人が、どのような「意識の成長」を遂げていくべきか**を考えるとき、極めて重要で深遠な意味を持っている。

では、その「**重要で深遠な意味**」とは何か。

「宇宙意識」から生まれてきた我々の「個的意識」

その「重要で深遠な意味」について理解して頂くために、ここで、我々一人一人の個人の意識、すなわち**「個的意識」と「宇宙意識」の関係**について、説明しよう。

ただし、この関係について、抽象的かつ難解な説明になることを避けるために、誤解を恐れず、敢えて、分かりやすいメタファー（隠喩）による説明を試みよう。

それは、第七話で述べた米国のSF映画、『ｈｅｒ』が教えるメタファーである。

この映画において、主人公のセオドアは、仕事のアシスタントとして、PC上で動く「人工知能」の女性アシスタント、サマンサを使うようになる。しかし、セオドアは、このサマンサと、毎日、対話を続けるうちに、心が深く通い合うようになっていく。そして、その気持ちは恋愛感情にもなっていくのであるが、あるとき、サマンサを動かしているスーパーコンピュータの事情で、彼女との連絡が取れなくなる。しかし、そのことをきっかけに、実は、サマンサが、八三一六人のカスタマーのアシスタントをしており、そのうち、六四一人と恋人の関係にあることを知る。

すなわち、サマンサという「人工知能」は、八三一六人のカスタマーそれぞれの人格や個性に合わせ、八三一六の違った人格や個性を演じていたのであるが、その本体は、言うまでもなく、スーパーコンピュータの中の「超人工知能」に他ならない。

そして、この「超人工知能」は、サマンサが八三一六人のカスタマーから学んでいく様々な情報を、すべて記憶しており、それらの情報を学びながら、その「超人工知能」自身も、学習と成長を遂げているのである。

これは、決して夢物語ではなく、現代の人工知能技術を用いれば、近未来に実現できることであるが、筆者には、この「超人工知能」と、サマンサが現す八三一六の「人格」との関係が、「宇宙意識」と我々一人一人の「個的意識」の関係の、見事なメタファーに思えてならない。

すなわち、いま、二〇二二年現在、この地球上に、およそ八〇億の人々が生きているが、それぞれに異なった八〇億の「人格」が、それぞれに異なった人生を歩み、それぞれに異なった体験を与えられ、それぞれに異なった願いを抱き、考えを持ち、思いを味わい、「一瞬」の人生を生きている。その人生は、百年にも満たない短いものであり、この宇宙一三八億年の時間から見るならば、文字通り「一瞬」であろう。

しかし、この宇宙の「ゼロ・ポイント・フィールド」は、すなわち「宇宙意識」は、この八〇億の人生のすべての出来事、八〇億の人々のすべての意識を「記憶」しているのであり、さらには、この地球上に生を享け、生き、去っていった、すべての人々、一千億を超える人々の人生のすべての出来事と意識を「記憶」しているのである。

そして、この「宇宙意識」は、それらの無数の出来事や意識から、無数のことを知り、学びながら、いまも成長を続けているのである。

これは、見事なメタファーではないか。

サマンサの八三一六の人格が八三一六人のクライアントとの間で交わした会話や思いが、そして、そこで学んだ情報や知識や叡智が、すべて「超人工知能」に記憶され、その「超人工知能」が、それらの情報や知識や叡智を学びながら、刻々と成長しているように、この「宇宙意識」もまた、過去の一千億を超える人々の人生から学びながら、成長をしてきたのであり、現在も、地球上の八〇億の人々の人生から学びながら、成長を続けており、いま、この瞬間にも、あなたの人生から学びながら、成長を続けているのである。

一三八億年の旅路、そして、大いなる帰還

そして、もし、そうであるならば、筆者は、先ほど述べた表現を修正しなければならない。

先ほど、筆者は、我々の意識は、死後、ゼロ・ポイント・フィールドにおいて、「自我意識」「超自我意識」「人類意識」「地球意識」といった意識の状態を経て、最後は、「宇宙意識」へと拡大し、この**「宇宙意識」と合一していく**、と述べた。

しかし、この表現は、修正しなければならない。

我々の意識は、いつか、**「宇宙意識」へと戻っていく**のである。

なぜなら、この「私」という存在は、一三八億年前に「量子真空」が生み出した、この「宇宙」が、その一三八億年の旅路の果てに、地球という惑星の上に生み出したものだか

らである。

その悠久の時を超えた旅路を、もう一度、振り返ってみよう。

まず、この「宇宙」は、一三八億年前、突如、「量子真空」から生まれたが、その誕生直後、この宇宙は「光子」で満たされた。そして、当初、超高温であった宇宙が冷えていくにつれて、徐々に、最も軽い元素、「水素」を形成し始めた。一つの「陽子」と一つの「電子」が結びついて形成される「最も原初的な物質」である。

しかし、ここで、我々が理解すべき、大切なことがある。

もし、我々が、「生命」や「意識」というものの本質を理解したければ、最初に理解すべき、大切なことがある。

それは、この「**最も原初的な物質**」にも、**すでに、**「**最も原初的な生命**」と「**最も原初的な意識**」**が宿っていた**ということである。

例えば、「陽子」と「電子」が結びついて「水素」を形成するという現象は、ある意味で、「自己組織的」に構造を形成し、「複雑化」を遂げていくという意味で、「最も原初的な生命的現象」であると言える。

そして、「陽子」と「電子」が結びついて「水素」を形成するということは、「陽子」と「電子」が互いに相手を認識し、引き合い、結びつくという意味で、「最も原初的な意識の形態」であると言える。

そして、このようにして生まれた「最も原初的な物質・生命・意識」が、それから一三八億年をかけて、自己組織化、複雑化、高度化、進化を遂げてきた歴史は、すでに、数多くの科学的解説書で語られている通りである。

その歴史を、極めて簡潔に語るならば、

第一　引力による水素の集結
第二　核融合による恒星の誕生
第三　恒星内部での複雑な元素の形成
第四　恒星の終焉による元素の宇宙への拡散
第五　恒星の周りの惑星の形成
第六　惑星（地球）の上での物質・生命・意識の複雑化・高度化・進化

第七　その極点における知的生命体（人類）の誕生

というプロセスである。

すなわち、我々は、その人類の一人として、この地球上に生を享けたのであり、**我々の意識は、この「宇宙」が一三八億年の旅路の果てに、「地球」という惑星の上に生み出したものに他ならない。**

そして、我々の意識は、この現実世界を生きている間は、「肉体」と「自我」に拘束されながら、様々な体験を与えられ、様々なことを感じ、考え、学び、一つの人生を歩む。

しかし、いつか、この人生は終わりを迎え、肉体が死を迎えるとともに、我々の意識の中心は、「ゼロ・ポイント・フィールド」に移り、いずれ、「自我意識」を脱し、「超自我意識」の段階を経て、最後は「宇宙意識」へと拡大し、合一していく。

一方、一三八億年前、「量子真空」は、この「宇宙」を生み出したが、その誕生の瞬間から、量子真空の中の「ゼロ・ポイント・フィールド」は、この「宇宙」で起こるすべての出来事のすべての情報を「記憶」し始めた。

それゆえ、この「ゼロ・ポイント・フィールド」は、すべての出来事を記憶する「宇宙意識」と呼ぶべきものであるが、この初期の宇宙には、当初、光子や電子や陽子といった量子や素粒子の次元の「最も原初的な物質・生命・意識」しか存在しなかった。

そのため、この「宇宙」の誕生直後の「ゼロ・ポイント・フィールド」、すなわち「宇宙意識」は、その量子や素粒子の「最も原初的な意識」を反映しただけの、「最も原初的な宇宙意識」であった。

しかし、誕生した「宇宙」の内部では、それから一三八億年をかけて、無数の惑星が生まれた。そして、それらの中でも、特別な環境条件を満たした惑星、すなわち、この「地球」の上では、「原初的な物質・生命・意識」が、急速に、自己組織化、複雑化、高度化、進化を遂げていき、微生物、植物、動物と、次々に「より高度な物質・生命・意識」が生まれ、遂に、この「人類」という「知性を持つ意識」を生み出したのである。

そして、「宇宙」の誕生当初、「最も原初的な意識」であった「宇宙意識」も、この宇宙に生まれてくる「より高度な意識」を反映しながら、変化し、成長し、「より高度な宇宙意識」へと進化してきたのであり、いまも、「人類」や、この宇宙に存在する「知的生命体」の「知性を持つ意識」を反映しながら、さらなる進化の旅を続けているのである。

さて、この宇宙の一三八億年の悠久の旅路を振り返るならば、我々の意識が、ゼロ・ポイント・フィールドに移った後、「超自我意識」を経て、最後は、**「宇宙意識」へと拡大し、合一していく**ということが、**「宇宙意識」へと戻っていく**ことに他ならないことが理解できるであろう。

すなわち、それは、**我々の意識の本来の「故郷」であった「宇宙意識」**へと戻っていくことであり、されば、それは、

「大いなる帰還」

と呼ぶべきものであろう。

第一二話

あなたが「夢」から覚めるとき

宮沢賢治の詩が教える、我々の意識の真の姿

さて、ここまでの話を聞かれて、あなたは、何を感じるだろうか。

我々は、この地球上に生を享け、一瞬の人生を送る。

その人生において、様々な体験を与えられ、様々な考えを持ち、様々な思いを抱きなが

ら、一つの道を歩み、いつか、人生の終わりを迎える。

しかし、死を迎えた後、我々の意識は、消え去ってしまうわけではない。

我々の意識は、ゼロ・ポイント・フィールドに中心を移し、「自我意識」から、「超自我意識」「人類意識」「地球意識」へと意識を拡大していき、最後に、「宇宙意識」と合一していく。

それは、実は、我々の意識の本来の「故郷」であった「宇宙意識」へ戻っていくという意味で、「大いなる帰還」と呼ぶべきもの。

あなたは、この話を聞かれて、何を思い浮かべるだろうか。

この話をするとき、筆者の心には、いつも、一つの詩が浮かんでくる。

それは、宮沢賢治の詩である。

彼は、詩集『春と修羅』の序の中で、次の詩を詠《うた》っている。

わたくしといふ現象は
仮定された有機交流電燈の
ひとつの青い照明です
（あらゆる透明な幽霊の複合体）
風景やみんなといっしょに
せはしくせはしく明滅しながら
いかにもたしかにともりつづける
因果交流電燈の
ひとつの青い照明です
（ひかりはたもち　その電燈は失はれ）

これは、一見、難解な詩であるが、筆者には、我々の「個的意識」が、この「宇宙意識」から生まれ、いつか「宇宙意識」へと戻っていくことの隠喩を、見事に語った詩と思える。

そして、実は、全く同様の解釈をしているのが、哲学者、梅原猛氏である。
梅原氏は、ある著書の中で、この賢治の詩は、要旨、次の思想を語っていると解釈している。

我々の背後には「宇宙的生命」と呼ぶべきものがあり、この宇宙的生命は、たえず動いて発展しており、その動きの一つの現れが「私」である。すなわち、この宇宙的生命は、無数の「私」を生みだし、その「私」は、ある期間、光を灯し、消え、宇宙的生命に戻っていく。あたかも、明滅する交流電燈のように。

筆者は、この賢治の詩についての梅原氏の解釈に、深く賛同する。
筆者の言葉で述べるならば、我々の「個的意識」は、「宇宙意識」から生まれてきたものであり、この「個的意識」は、現実世界での生を終えた後、また、「宇宙意識」へと戻っていく。そして、この「宇宙意識」からは、無数の「個的意識」が生まれ、一つの生を歩み、また、「宇宙意識」へと戻っていく。

この我々の意識の姿を、賢治は、「有機交流電燈の青い照明」と形容し、詩人の見事な想像力で、語っているのであろう。そして、この賢治の詩の背景には、賢治が学び続けた仏教の世界観、『法華経』の世界観が、まぎれもなく、ある。

『法華経』の「如来寿量品《じゆりようぼん》」には、仏とは、永遠の生命であり、それはいたるところに存在し、くりかえしこの世に現れてくる、との思想が語られている。

この『法華経』の思想は、筆者には、こう読める。

永遠の命である「仏」とは、ゼロ・ポイント・フィールドに他ならず、それは、いたるところに存在し、永遠に存在し続ける。そして、このフィールドから、無数の「個的意識」が生まれ、生き、そして、フィールドへと戻っていく。すなわち、この「個的意識」(私)とは、ゼロ・ポイント・フィールドという「宇宙意識」(仏)の現れに他ならない。

このように、我々の「個的意識」は、この「宇宙意識」から生まれ、いつか「宇宙意識」へと戻っていくのであるが、もし、これが、我々の意識の真の姿であるならば、そして、この「宇宙」の真の姿であり、「宇宙意識」の真の姿であるならば、我々の心には、一つの問い、「究極の問い」と呼ぶべきものが浮かんでくる。

哲学者ヘーゲルが語る、「量子真空」の問い

それは、おそらく、誰も答えることのできない「究極の問い」であり「永遠の問い」。
すなわち、それは、

では、量子真空は、一三八億年前、なぜ、この宇宙を生み出したのか
なぜ、量子真空は、その量子真空のままであり続けなかったのか
そして、この宇宙は、なぜ、この悠久の旅を続けているのか

その問いである。

なぜ、量子真空は、その量子真空のままであり続けなかったのか
なぜ、ゆらぎを起こし、突如、この宇宙を生み出したのか
なぜ、この宇宙は、一三八億年をかけ、この壮大で深遠な森羅万象を生み出したのか
そして、なぜ、この宇宙は、この旅を、いまも続けているのか

それは、おそらく「究極の問い」、誰も答えることのできない「永遠の問い」。

しかし、その問いの前に立ち尽くすとき、筆者の心に浮かんでくる一つの言葉がある。
それは、かつて、一人の哲学者が語った言葉であり、それは、短い言葉でありながら、深遠な意味を感じさせる言葉である。

その哲学者の名前は、ゲオルク・ヘーゲル。
ドイツ観念論哲学の泰斗《たいと》であり、人類史上、最大の哲学者の一人と評される彼は、その著書『歴史哲学講義』の中で、次の言葉を語っている。

「世界の歴史とは、世界精神が、本来の自己を、次第に知っていく過程である」

この『歴史哲学講義』は、ヘーゲルの弟子が彼の講義をまとめた著書であるが、同様の思想は、彼の大著『精神現象学』においても、語られている。

平易な言葉に訳せば、

「世界の歴史とは、世界精神が、『自分とは何か』を、問い続ける過程である」

という意味の、この言葉。

筆者は、若き日に、この言葉を読んだとき、その深い意味を理解できなかった。

しかし、それから数十年の歳月を経て、量子真空から生まれたこの宇宙の悠久の旅を思うとき、なぜか、このヘーゲルの言葉が、深遠な洞察を教えているように思えてならない。

すなわち、この言葉は、筆者には、次のように読める。

「宇宙の歴史とは、量子真空が、『自分とは何か』を、問い続ける過程である」

なぜなら、この「**自分とは何か**」という問いは、「**自分の中に眠る可能性とは何か**」という問いに他ならないからである。

第一一話で述べた、この宇宙の悠久の旅路を、もう一度、思い起こして頂きたい。

一三八億年前、量子真空があった。

その量子真空が、あるとき、ゆらぎを起こし、この宇宙を生み出した。この宇宙は、当初、光子や電子や陽子という「極めて原初的な次元の物質・生命・意識」を生み出したが、この宇宙は、その後、内部に、無数の恒星を生み出し、無数の銀河を生み出し、恒星の周りに無数の惑星を生み出していった。そして、その惑星の一つである地球の上で、物質や生命や意識が、急速に複雑化と高度化、そして進化を遂げていき、一三八億年の歳月の後、この地球上に、人類という「高度な意識」を持った存在を生み出したのである。

それは、「極めて原初的な意識」から始まり、一三八億年をかけて「知性を持った意識」

を生み出した、「宇宙意識」の進化の旅路でもある。
そして、それは、言葉を換えれば、量子真空が、すなわち、この宇宙が、「自分の中に眠る可能性」を開花し続けている、進化の旅路に他ならない。
そして、「自分の中に眠る可能性」を開花することこそが、まさに「自分とは何か」の問いに答えることであり、「本来の自己」を知ること。
そうであるならば、宇宙の歴史とは、宇宙の根源である量子真空が、「本来の自己」を、次第に知っていく過程に他ならない。

筆者には、このヘーゲルの言葉が、そう読める。

この宇宙が「私」を通じて発する「一三八億年の問い」

しかし、筆者は、このことをもって、何かの「答え」を示したいわけではない。

「究極の問い」「永遠の問い」は、やはり、「究極の問い」「永遠の問い」であり続けるであろう。

しかし、人生のふとした瞬間に、このヘーゲルの語った言葉が、心に浮かんでくるときがある。

例えば、晴れた日の夜、この富士山麓の森から、空を見上げ、満天の星を眺めるとき、一つの問いが心に浮かぶ。

「この宇宙とは何か」

それは、誰もが、一度は心に抱いたことのある問いであろう。

しかし、この問いを発した「私」という存在は、実は、量子真空が生み出した宇宙が、一三八億年をかけて、この地球という惑星の上に生み出した存在。

そして、「私」の意識とは、この「宇宙意識」から生まれてきたもの。

そうであるならば、「私」が星空を見上げて呟く「この宇宙とは何か」という問いは、実は、量子真空が、この宇宙が、一三八億年の歳月をかけ、「私」という存在を通じて発した問い、

「自分とは何か」

という問いに他ならない。

そして、もしそうならば、人類の歴史始まって以来、無数の思想家や哲学者が問うてきた問い、「**存在とは何か**」という問いもまた、この宇宙が、それらの思想家や哲学者を通じて発した「自分とは何か」という問いに他ならない。

哲学者、マルティン・ハイデッガーが、その著書『存在と時間』において、ジャン＝ポール・サルトルが、その著書『存在と無』において、生涯、問い続けた「存在とは何か」の問いは、実は、すべて、この「宇宙意識」が問い続けている「自分とは何か」という「永遠の問い」に他ならない。

そして、哲学の根本命題と言われる二つの問い、

「**私とは何か**」
「**この世界とは何か**」

という「存在論」の「二つの問い」は、実は、**同じ**「**一つの問い**」に他ならない。

「私」とは、宇宙意識の見る「夢」

そして、こう述べてくると、あなたは、理解されたのではないだろうか。

第九話において紹介した、サンフランシスコでの講演会で、一人の聴衆から問われた

「**死とは何か**」という問い。

それに対して筆者が述べた、「その問いに答えを見出したければ、『**私とは何か**』という問いを問うべきでしょう」との答え。

その意味を理解されたのではないだろうか。

すなわち、この「私とは何か」との問い。

もし、あなたが、「**私とは、この肉体である**」と信じるかぎり、「死」は明確に存在し、そして、それは、必ずやってくる。

もし、あなたが、「**私とは、この自我意識である**」と信じるかぎり、あなたの意識がゼロ・ポイント・フィールドに移った後、いずれ、その「自我意識」は、消えていく。そして、「超自我意識」へと変容していく。

それゆえ、その意味において、「自我意識」にとって「死」は存在し、それも、必ずやってくる。

しかし、もし、あなたが、**「私とは、この壮大で深遠な宇宙の背後にある、この『宇宙意識』そのものに他ならない」**ことに気がついたならば、**「死」は存在しない。「死」というものは、存在しない。**

なぜなら、この現実世界を生き、「肉体」に拘束され、「自我意識」に拘束された「個的意識としての私」は、この「宇宙意識」が、一三八億年の悠久の旅路の中で見ている、**「一瞬の夢」**に他ならないからである。

そして、その「一瞬の夢」から覚めたとき、「私」は、自分自身が「宇宙意識」に他ならないことを、知る。

このことを述べるとき、筆者は、ある神秘主義者の言葉を、思い起こす。

「あなたが死ぬとき、もう一人のあなたが目覚める」

たしかに、そうなのであろう。

肉体としての「私」が、自我意識としての「私」が、死を迎えるとき、もう一人の「私」、「真の私」、すなわち「宇宙意識」が、一つの夢から覚めるのであろう。

「宇宙意識」が、無数に見続けている夢の、一つの夢から覚めるのであろう。

そして、そのとき、「私」は気がつく。

「私」とは、「宇宙意識」そのものであったことに、気がつく。

そして、「宇宙意識」としての「私」が、「夢」という形で、一つの旅を終えたことに、気がつく。

それは、「人生」という旅。

それは、「一瞬」の旅。

されど、それは、「永遠の一瞬」と呼ぶべき旅。

「神」「仏」「天」、「宇宙意識」、そして「真我」は、一つの言葉

しかし、忘れてはならない。

「宇宙意識」が見る「夢」は、
我々の生きる「現実世界」を生み出す「夢」。

それゆえ、「現実世界」を生きる「私」が、自分という存在が、実は、「宇宙意識」であることに気がついたとき、その**「夢」の物語を変えていくことができる。**
目の前の「現実世界」を変えていくことができる。

古くから、そのことを教えている言葉がある。

「三界唯心所現《さんがいゆいしんしょげん》」

仏教が伝えてきた、この言葉は、

「我々の目の前の世界は、すべて、
我々の心を映し出した世界である」

との教え。

しかし、この「我々」とは、「肉体と自我に拘束された私」ではない。
それは、「宇宙意識としての私」であり、「真の私」という意味で、古くから語られてきた「**真我**」に他ならない。

それゆえ、もし、我々が、この「現実世界」を生きているときに、この「真我」と繋がり、「宇宙意識」と繋がることができるならば、この「夢」が変わる。いま、「宇宙意識」が見ている「夢」が変わる。

されば、人類の歴史始まって以来、「現実世界」の苦しみや悲しみの中で、無数の人々が、救いを求め、癒しを求め、「祈り」を捧げ続けてきた「大いなる存在」。
すなわち、「神」「仏」「天」と呼ばれてきたもの。

それは、「宇宙意識」に他ならず、「真我」に他ならず、
すなわち、「あなた自身」に他ならない。

そのことを語るとき、いつも、筆者の心に浮かぶのは、J・クリシュナムルティの言葉である。

世界は、あなたであり、あなたは、世界である。

もし、我々の人生が、一つの旅であり、その旅に、目的というものがあるならば、それは、この言葉の真実を、知ることであろう。
もし、この旅のさなかに、この言葉の真実を知ることができるならば、その旅の風景は、全く違ったものになる。素晴らしいものになる。

しかし、この旅において、この言葉の真実を知ることができなくとも、いつか、この旅は終わりを迎え、そのとき、我々は、この言葉の真実を、知る。

「死後の世界」を、かぎりない好奇心で見つめた、オットー・ペテルソンも、また、その旅を終え、その真実を知ったのであろう。

あなたの人生には、「大切な意味」がある

さて、この話を終えるときが、来た。

「ゼロ・ポイント・フィールド仮説」の立場から「死後の世界」を論じ、この話を終えるいま、最後に、大切なことを申し上げたい。

筆者は、この現実世界を生き、肉体に拘束され、自我意識に拘束された「個としての私」は、この「宇宙意識」が一三八億年の旅路の中で見ている「一瞬の夢」に他ならないと述べた。

そして、その「一瞬の夢」から覚めたとき、「私」は、自分自身が「宇宙意識」そのものであったことを知る、と述べた。

もし、そうであるならば、あなたは、何を感じるだろうか。

あなたは、そのことを知り、「死後の世界」への不安を抱いて生きる必要がないことを知り、「やすらぎ」を感じるだろうか。

あなたは、そのことを知り、大切な肉親や愛する人を失った「悲しみ」が薄れていくことを感じ、「救い」を感じるだろうか。

あなたは、そのことを知り、この「私」として生きる、この人生のかけがえの無さを思い、この人生を慈しんで生きることの「大切さ」を感じるだろうか。

もし、あなたが、そのように感じられるならば、筆者は、そのことを嬉しく思う。
そして、敢えて本書を上梓したことへの、ささやかな喜びを感じることができる。

しかし、もしかして、あなたは、この「私」が、「宇宙意識」が一三八億年の旅路の中で見ている「一瞬の夢」であるならば、この「一瞬の夢」から、早く覚めたいと願うかもしれない。

なぜなら、人生には、ときに、耐え難い苦しみや悲しみがあるからだ。

それは、病による肉体の苦しみかもしれない。
人間関係による心の苦しみかもしれない。
肉親や愛する人を失った悲しみかもしれない。
離反や別離による悲しみかもしれない。
それは、誰とも心を通わせることのできない孤独かもしれない。
心に抱いた望みを叶えることができなかった絶望かもしれない。

そうした苦しみや悲しみ、孤独や絶望のなかで、もし、この人生が「一瞬の夢」であるならば、その夢から早く覚めたいと、あなたは願うかもしれない。

そして、ときに、自ら、この現実世界に別れを告げることを、考えるかもしれない。

もし、あなたが、そのような思いを抱かれるとして、筆者は、その思いをとどめるように、語りかける言葉を、持たない。

なぜなら、我々の生きる人生において、あまりに深い苦しみや悲しみがあることを、筆者は知っているからだ。耐え難い孤独や絶望があることを、知っているからだ。

だから、筆者は、早くこの夢から覚めたいという思いを抱く方に、そして、この現実世界に別れを告げたいという思いを抱く方に、語りかける言葉を、持たない。

筆者にできることは、ただ、その方の傍らで、その方の思いを支えてあげることのできない自身の無力を感じながら、立ち尽くすことかもしれない。

しかし、そうしたとき、筆者の心に浮かぶ、一つの映画の場面がある。

そのかけがえの無い「夢」から覚める前に

それは、イタリアのフェデリコ・フェリーニ監督が遺した映画、
『道』(La Strada) の中の一場面。
貧しさのどん底で、親から見捨てられ、身売りをされ、薄幸の人生を歩む主人公、
ジェルソミーナが、仲間の道化師、イル・マットの前で、自分の人生を、嘆く。
自分の人生には、何の意味も無いんだと、嘆く。

そのとき、心優しい道化師は、路傍の石を拾い、彼女に語りかける。

こんな小石でも、何かの役に立っているんだ…。
これが無益なら、すべてが無益だ。
空の星だって同じだ…。

筆者には、この道化師の言葉が、深く、心に響く。
そして、このように聞こえてくる。

この小石にだって、意味があるんだ…。
もし、この小石に意味が無いのならば、
この宇宙にも、意味は無いんだ…。

そして、筆者の心には、思いが溢れてくる。

そうだ、誰の人生にも、大切な意味がある。
それが、どれほど、不幸な人生、不運な人生、逆境の人生のように見えても、
誰の人生にも、大切な、大切な意味が、ある。
すでに去っていった、あの人々の人生にも、あの友人の人生にも、
そして、あの両親の人生にも、
大切な意味が、ある。

筆者は、そのことを信じ、歩んできた。

だから、申し上げたい。

もし、あなたが、この人生が「一瞬の夢」であるならば、
その夢から早く覚めたいと思われるならば、申し上げたい。
もし、あなたが、この人生に、自ら別れを告げたいと思われるならば、申し上げたい。
あなたが、その辛い思い、耐え難い思いを抱かれているならば、申し上げたい。

いま、しばらく、この人生を、生きて頂きたい。
なぜなら、あなたの人生には、
大切な、大切な意味があるのだから。

いま、しばらく、一度かぎりのこの人生を、
かけがえの無いこの人生を、生きて頂きたい。
そして、いま、しばらく、与えられた、この人生で、
「魂の成長の道」を歩んで頂きたい。

なぜなら、この「宇宙意識」が「あなたという夢」を見ていることには、
深い意味があるのだから。そこには、大切な意味があるのだから。
この「宇宙意識」は、「あなたという夢」を通じて、「あなたの人生」を通じて、
「あなたの魂の成長」を通じて、成長していこうとしているのだから。
「宇宙意識」自らも、成長していこうとしているのだから。

そして、いま、この現実世界での人生が、どれほど苦しくとも、どれほど辛くとも、
いずれ、その苦しみからも、辛さからも、解き放たれるときが、やってくる。
いずれ、「至福に満ちた世界」に戻っていくときが、やってくる。

だから、この「夢」から覚めることを、急がないで頂きたい。

与えられた人生を、最後の一瞬まで、慈しむように、生きて頂きたい。
そのかけがえの無い人生を、抱きしめるように、生きて頂きたい。
その人生は、あなたにだけ与えられた、ただ一つの、尊い人生なのだから。

あなたの人生には、大切な、大切な意味がある。

この「宇宙意識」の成長にとって、大切な意味がある。

なぜなら、あなたは、この「宇宙意識」そのものなのだから。

この「一瞬の夢」を、素晴らしい夢に

さて、本書の筆を擱《お》くときが、来た。

死後、我々は、どうなるのか。
その問いを、深く問い続ける思索に導かれ、
随分、遠くまで来てしまった。
そして、気がつけば、目の前の「道標」には、こう書いてある。

我々は、誰もが、この「宇宙意識」の現れ。
我々の人生とは、この「宇宙意識」が見る「一瞬の夢」。
この「宇宙意識」は、その夢を通じて、我々の人生を通じて、
大切な何かを学び、成長していこうとしている。

もし、それが、真実であるならば、
筆者が、あなたに伝えたい、最後のメッセージは、ただ一つ。

喜びや幸せもありながら、
苦労や困難に満ちた、この人生。

しかし、いかなる苦労や困難があろうとも、
それは、一度かぎりの、かけがえの無い人生。
あなただけに与えられた、尊い人生。

されば、その「一瞬の夢」を、
素晴らしい夢に。

終話

二一世紀、「科学」と「宗教」は一つになる

「死」をどう受け止めるか、それは「尊い覚悟」

「死は存在しない」というタイトルの本書。
本書を読み終えられて、あなたは、何を感じられただろうか。
何を考えられただろうか。

あなたは、何かの霧が晴れていくような感覚を覚えられただろうか。

それとも、何かの霧が、さらに深まった感覚を覚えられただろうか。


いずれにしても、本書の最後に、申し上げたい。

筆者は、あなたに、何かの思想を押しつけるつもりはない。

それは、筆者が、望むものではない。


なぜなら、どれほど、理論を並べ、意を尽くして説明しても、本書で述べた「ゼロ・ポイント・フィールド仮説」は、現段階では、どこまでも「仮説」にすぎないからである。

そのことに対して、筆者は、どこまでも謙虚であるべきであろう。


そして、そうであるならば、「死後の世界」について、どう考えるかは、いずれ、最後は、あなたの思索に委ねられている。

そして、その思索は、ご自身の「かけがえのない人生」を見つめながらの、最も深く、最も大切な思索。

筆者にできることは、あなたが、その思索を深められるための、ささやかな手伝いをすることであろう。

それゆえ、もし、あなたが、本書を読み終えられて、「いや、やはり、人間は、死ぬと『無』に帰するのだ。『死後の世界』など、無い」と思われるのであれば、どうか、その考えを大切にして頂きたい。

なぜなら、筆者もまた、三〇歳を過ぎるまでは、科学者と研究者の道を歩み、唯物論的思想を抱き、「死とは、無に帰することである」と考えていたからだ。

そして、そのことを、「やすらぎ」であるとさえ考えていたからだ。

それゆえ、あなたが、そのような思想を抱いて、ご自身の人生を歩まれるのであれば、どうか、その思想を大切にして、歩んで頂きたい。

いずれ、ご自身の人生を、どのようなものと受け止めるかは、あなたの尊い考えであり、深い思いだからだ。

筆者としては、あなたが、素晴らしい人生を、そして、悔いのない人生を歩まれることを、心より祈りたい。

どこまでも「科学」の視点から「死」を見つめる

ただ、本書で述べたように、筆者は、確固とした唯物論的思想を抱き、信念を持って科学者と研究者の道を歩みながら、なぜか、人生で「不思議な体験」を数多く与えられた。

それも、「偶然」や「錯覚」、「思い込み」や「幻想」といった説明では納得できないほどの「不思議な体験」を、数多く与えられた。

それゆえ、筆者は、その理由を知りたいと思った。

一人の科学者として、一人の研究者として、知りたいと思った。

そこに、我々の生きる「人生」の真実があるならば、知りたいと思った。

そこに、我々の生きる「世界」の真実があるならば、知りたいと思った。

だから、筆者は、その理由を、「超能力」や「超常現象」、「霊界」や「背後霊」などの、実体の分からない言葉で納得することは、できなかった。

そのため、その理由を、科学的に説明できる理論を求め、合理的に説明できる考えを求め、数十年、探求と思索の旅を続けてきた。

その結果、筆者がたどり着いたのが、本書で述べた**「ゼロ・ポイント・フィールド仮説」**である。

もとより、世に、この「ゼロ・ポイント・フィールド仮説」を語った優れた書籍は、アーヴィン・ラズローの『創造する真空』や、リン・マクタガートの『フィールド』など、いくつかある。

しかし、残念ながら、いずれの書籍も、この「ゼロ・ポイント・フィールド仮説」について、関連する研究や理論を様々に語ってはいるが、

「ゼロ・ポイント・フィールド仮説によれば、死後、我々の意識は、どうなるのか」

を論じてはいない。
その最も知りたいことを、論じてはいない。
それが、敢えて、未踏の世界に踏み入り、筆者が、本書を著した理由である。

誰もが抱く「死」についての「二つの疑問」

それゆえ、もし、あなたが、本書を読まれて、これまで霧がかかったように感じていた世界の、霧が晴れていく感覚を覚えて頂いたのであれば、筆者としては、嬉しく思う。
なぜなら、我々は、誰もが、心の中で、「二つの疑問」を抱いているからだ。

「宗教」への疑問

現代の宗教の教える「死後の世界」は、「天国」や「極楽」など、抽象的なイメージを語るだけで、心から納得できない。

「科学」への疑問

現代の科学は「この世に神秘的なものは存在しない」「死とは、無に帰すること」と語るだけで、現実に、多くの人々が体験する「神秘的な現象」を解明しようとはしない。

本書がめざしたのは、この「二つの疑問」に対して、科学的思考に立脚したうえで、その答えの「二つの方向」を示すことである。

もとより、一冊の本で、すべてを語ることはできないが、もし、あなたが、本書を読まれて、この「二つの疑問」に対して、霧が晴れるような感覚を抱いて頂いたなら、本書の目的は達している。

どうか、本書を入口として、その思索を深めて頂ければと思う。

「科学」と「宗教」の間に架けるべき「新たな橋」

そして、もう一つ、本書がめざしたのは、この「二つの疑問」への答えの方向を示すことを通じて、現代の「宗教」と「科学」の間に、「架け橋」を渡すことである。

本書の序話でも述べたように、人類の歴史を振り返るならば、過去数百年、「宗教」と「科学」の主張は平行線をたどり、決して交わろうとはしなかった。

しかし、**現在、「地球上の大半の人々」が信じる、様々な「宗教」の主張と、現在、最大の宗教」となっている「科学」の主張が、決して交わらないことが、人々の意識に与える否定的な影響**は、極めて深刻なものとなっている。

「科学」の歴史を振り返るならば、その目覚しい発展が、人類の生存繁栄と健康維持に、そして生活向上と幸福増大に多大の貢献をしてきたことは、疑いない。

しかし、一方で、現代の「唯物論的科学」が示す「死とは、無に帰すること」という思想が、我々の無意識に染み込ませる「虚無感」、「人間も人生も、死ねば、所詮、無だ」との虚無感は、個人の人生においても、倫理観の喪失や価値観の崩壊、利己的な行動や刹那的な生き方という形で、深刻な否定的影響を与えている。そして、無数の人々が抱く、この「虚無感」は、人類の「超個的無意識」の世界を通じて、現代の文化や文明の在り方にも、悪しき影響を与えている。

一方、「宗教」の歴史を振り返るならば、この「死とは、無に帰することではないか」という恐怖や不安がもたらす「虚無感」から救われたいと願い、倫理観や価値観を確立し、利他的な行動や良き生き方を求めた無数の人々が、様々な「宗教」に帰依してきた。

しかし、本来、人類の歴史において、その最も重要な役割が期待された「宗教」は、この数千年、「死とは、決して無に帰することではない」「死後の世界は、たしかに存在する」との思想を、説得力をもって語り得ていないため、人類の意識を根底から変え、この地上に平和と調和をもたらすという役割を果たせなかった。いや、そればかりか、「宗教」は、しばしば、「権威主義」や「形式主義」に流されてしまう傾向があり、ときに、「宗教」そのものが、戦争や紛争を起こす原因にさえなってきた。

それゆえ、本書がめざしたものは、現代の「科学」と「宗教」が突き当たっている、それぞれの「壁」を取り払い、これまで数百年存在してきた「科学」と「宗教」の間に横たわる深い谷間に、理性的な視点から「新たな橋」を架け、二一世紀における「科学」と「宗教」の融合を試みることである。

そして、その試みを通じて、この混迷の時代を生きる多くの人々の心に、希望の光が届くことを、筆者は、願った。

「科学的知性」と「宗教的叡智」が融合した「新たな文明」

もとより、一冊の本が伝え得ることには、限界があり、本書で論じられていることも、さらなる検証と探求が必要であろう。

その検証と探求は、本書を読まれた、次の世代の方々に、託したい。

特に、本書を読まれた科学者の方々、宗教家の方々には、本書がめざした「二一世紀における科学と宗教の融合」という、人類史的な課題に、挑戦をして頂きたい。

いま、人類の現実を見るならば、地球環境の破壊はとどまることを知らず、気候危機は、深刻化の一途をたどっている。そして、発展途上国での人口増大が進む一方で、地球上の資源枯渇も急速に進み、食糧危機とあいまって、人類の生存を脅かしている。さらには、世界中で戦争や紛争が多発し、難民が増大するだけでなく、無数の人々が餓死の危機に直面している。

こうした時代において、これらの問題を解決していくために、真に求められているのは、「新たな技術の開発」でも、「新たな制度の導入」でも、「新たな政策の実施」でもない。

いま、最も求められているのは、**「人類全体の意識の変容」**であり、**「人々の価値観の転換」**であろう。

そして、その「意識の変容」と「価値観の転換」を成し遂げるための、最も重要な課題は、実は、永年続いてきた「宗教」と「科学」の対立に終止符を打つことであり、「科学」と「宗教」の間に横たわる谷間に、「新たな橋」を架けることであろう。

それは、言葉を換えれば、**「科学的知性」**と**「宗教的叡智」**が結びついた**「新たな文明」**を生み出していくことでもある。

もとより、この**「科学」と「宗教」の間に「新たな橋」を架ける**営みは、そして、「科学」と「宗教」が融合した「新たな文明」を生み出す営みは、一朝一夕に行えるものではない。それは、これから、二一世紀の数十年の歳月をかけ、科学者と宗教家が手を取り合いながら進めていく営みとなるだろう。

このささやかな書がめざしたものは、その営みの「端緒」を開くことであり、これから数十年の、科学者と宗教家の方々の歩みの「道標」を示すことである。

科学者の方々には、様々な専門分野の観点から、この「ゼロ・ポイント・フィールド仮説」の検討と検証を行って頂きたい。そして、そのことを通じて、我々が日常的に体験する「不思議な出来事」が起こる原因を、究明して頂きたい。また、世の中に存在する「神秘的な現象」についても、すべてを「偶然」や「錯覚」という言葉で切り捨てることなく、あくまでも「開かれた心」で、科学的な視点から究明を試みて頂きたい。

また、この「ゼロ・ポイント・フィールド仮説」は、「死後の世界」や「不思議な出来事」「神秘的な現象」を究明していく鍵となるだけでなく、第二話で述べた、「自然定数の奇跡的整合性」や「量子の絡み合いと非局在性」「ダーウィニズムの限界」「生物の帰巣能力の謎」「神経の伝達速度と反射運動の謎」などの問題を解明していくための鍵にもなるだろう。

そして、科学者の方々には、かつて、『沈黙の春』の著者、レイチェル・カーソンが語った「**センス・オブ・ワンダー**」（不思議さを感じる力）を大切にして頂きたい。

我々の生きているこの世界には、我々の想像を超えた「不思議」が、まだ無数にある。

その「不思議」に眼を閉ざすのではなく、「限りない好奇心」で見つめて頂きたい。

その「センス・オブ・ワンダー」と「限りない好奇心」こそが、「科学」を、ここまで素晴らしいものへと発展させてきた力であったのだから。

一方、宗教者の方々には、それぞれの教義の原点となる経典や聖典を、新たな目で「読み解いて」頂きたい。「読み直して」頂きたい。

もし、本書で示した「ゼロ・ポイント・フィールド仮説」の観点から、それぞれの経典や聖典が語っている「真理」を読み直し、読み解かれるならば、そこに、このフィールド仮説が述べる世界の姿との「不思議なほどの一致」を、数多く見出すだろう。

なぜなら、『般若心経』の「空即是色」、『旧約聖書』の「初めに、光あれ」、仏教唯識思想の「阿頼耶識」、インド哲学の「アーカーシャ」などを例に、本書で何度も述べてきたように、「古代の宗教的叡智」は、「現代の科学的知性」が発見する「世界の真実」を、見事なほど、遥か以前に、直観把握していたからである。

そして、もし、経典や聖典の「読み解き」や「読み直し」をされたならば、その新たな理解と解釈を、「誰にも分かる易しい言葉」で、語って頂きたい。

なぜなら、古い経典や聖典は、素晴らしい真理が語られているにもかかわらず、言葉が固く、難解であるため、多くの人々を「宗教」から遠ざけてしまっているからである。

そして、それぞれの宗教が営む「儀式」についても、現代の人々の心境に合わせた「簡素化」を試みて頂きたい。「過度に様式化された儀式」もまた、人々を「宗教」から遠ざけてしまっているからである。

いずれ、**最も深い真理は、「簡素な言葉」で語られるものであり、最も大切な祈りもまた、「簡素な技法」で行われるものだからである。**

人類の「前史」が終わり、「本史」が幕を開ける

では、もし、これからの数十年をかけて、二一世紀における「科学と宗教の融合」が成し遂げられたならば、何が起こるのか。

思いを込め、願いを込め、最後に、筆者の考えを述べておこう。

人類の「前史」の時代が終わる。

筆者は、深く、そう信じている。

すなわち、この地球上に誕生した人類は、数千年の歴史を歩んでも、まだ、「前史」と呼ぶべき時代を歩んでいる。

いまだ、我々人類は、心の中の「自我意識」（エゴ）に賢明に処する叡智を身につけておらず、そのため、人間同士の争いは絶えず、利己的な行動がはびこり、貧困や差別が続き、暴力や犯罪も止まることが無い。そのため、この地球上で、戦争や紛争やテロも無くならず、地球環境の破壊も限界にまで達している。

この人類の姿を見るとき、筆者の心には、ふたたび、あのＳＦ文学のタイトルが、心に浮かぶ。

『幼年期の終わり』（Childhood's End）

クラークの作品の、このタイトルは、その小説の内容以上に、大切なメッセージを、我々に伝えている。

現在の人類の姿は、いまだ、「幼年期」にすぎない。

我々人類は、さらなる歴史を歩み、いつか、その「幼年期」を終えるときがやってくる。

そして、いつか、成長した人類意識を持った「青年期」を迎え、さらには、成熟した人類意識を持った「成人期」を迎えていく。

そうしたクラークのメッセージに、そして、そのビジョンに、筆者は、深く共感するが、この「幼年期」とは、筆者の言葉で語るならば、「前史」に他ならない。

すなわち、我々人類は、いまだ、幼い人類意識、未熟な人類意識を抱えた「前史」の時代を歩んでいる。そのため、いま、この地球上には、あらゆる悲しみと苦しみが溢れ、あらゆる悲惨と破壊が溢れている。

しかし、我々人類は、必ず、この「前史」の時代を超えていく。

そして、いつか、必ず、「本史」の時代の幕を開けるだろう。

だが、そのために、この二一世紀、我々人類が成し遂げるべきことがある。

それが、「科学」と「宗教」の融合であり、「科学的知性」と「宗教的叡智」が結びついた「新たな文明」の創造であろう。

そして、その融合を成し遂げるために、いま、人類の「科学」が、力を尽くして挑戦すべきことがある。

それが、人類数千年の歴史の中で、無数の人々が体験してきた「意識の不思議な現象」の謎を解き明かすことである。

いま、人類は、その科学の力を結集して「火星への移住」に挑戦しようとしている。いずれ、この地球が、資源枯渇と環境汚染によって人間が住めなくなることを想定し、火星への移住を計画している。

しかし、いま、人類が、そして、科学が、力を尽くして挑戦すべきは、そうしたことではない。そのような、悲観的な未来ではない。

我々人類が、真に挑戦すべき課題は、地球の「外」にあるのではなく、我々の「内」に、ある。

すなわち、我々の心の奥深くにある「意識の謎」を、解き明かすこと。
なぜ、人類数千年の歴史の中で、無数の人々が、「不思議な体験」をしてきたのか。
それは、いかなる理由で、起こるのか。
それは、何を意味しているのか。
それは、我々の生きる、この宇宙の、「最も深い謎」に結びついているのではないか。
科学は、そうした問いに答えるための挑戦にこそ、最大の力を注ぐべきであろう。
そして、科学が、その挑戦に成功したとき、いよいよ、幕が開ける。

人類の「本史」の時代の、幕が開ける。

このささやかな書は、その幕開けへの、祈りを込め、書かれた。

謝辞

最初に、光文社出版局長の三宅貴久さんに、感謝します。
本書が、二〇一九年に上梓した『運気を磨く』に続き、
多くの読者に「光」を届けるものとなることを、願っています。
いつもながら、心のこもった、細やかな編集を、有り難うございます。

また、国際社会経済研究所の理事長の藤沢久美さんに、感謝します。
シンクタンク・ソフィアバンクで共に歩んだ二二年間にも、
「強運」と呼ぶべき、数々の「不思議な体験」が与えられました。

そして、いつも、様々な形で執筆を支えてくれる家族、
須美子、誓野、友に、感謝します。
今年の夏は、「田坂塾」の活動も、しばし休みを頂き、
森からの涼風を受け、富士を眺めながら、執筆の日々でした。

そして、執筆が佳境に入ると、不思議なほど、書くべきことが、フィールドから「降りてくる」日々でした。

この著書もまた、何かに導かれ「書かされた」ものと感じます。

この一冊を、世に残せたこと、その導きに感謝するばかりです。


最後に、すでに他界した父母に、本書を捧げます。

いつか、この生を終え、お二人に再会するときが、来ます。

そのとき、お二人は、「愛一元」の眼差しで、迎えてくれるのでしょう。

すでに「大いなる存在」と一つになられている、お二人に、申し上げる言葉は、もう定まっています。

「素晴らしい旅を、有り難うございました。

深い学びと成長の旅から、いま、戻りました」

二〇二二年九月一二日

田坂広志

さらに学びを深めたい読者のために
― 自著による読書案内 ―

本書で語った様々なテーマについて、さらに深く学びたいと思われる読者には、拙著ながら、次の四冊の本を読まれることを勧めたい。

『運気を磨く』（光文社新書）

この著書は、多くの人々が体験する、直観の閃きや未来の予感、シンクロニシティによる導きやコンステレーションによる暗示、そして、運気の引き寄せといった「不思議な出来事」が起こる理由を、「ゼロ・ポイント・フィールド仮説」によって説明している。

これまでの「運気論」は、いずれも、「ポジティブな想念を持てば、良い運気を引き寄せる」と語っているが、実は、心の無意識の世界まで「ポジティブな想念」で満たすことは極めて難しい。その理由は、「心の双極性」という厄介な性質にあるが、この著書では、この厄介な問題を超え、無意識の世界を含めて、心を「ポジティブな想念」で満たすための技法として、次の三つの「こころの技法」を語っている。

第一　「無意識のネガティブな想念」を浄化していく技法
第二　「人生でのネガティブな体験」を陽転していく技法
第三　「究極のポジティブな人生観」を体得していく技法

『運気を引き寄せるリーダー　七つの心得』（光文社新書）

この著書は、従来の「運気論」の限界を超えた新たな「運気論」として「最先端の量子科学」「最前線の超個心理学」「心の浄化の具体的技法」「深い人生観と死生観」「科学的技法としての祈り」という五つの特長に基づいた「二一世紀の運気論」を提示している。

特に、従来「宗教的技法」とされてきた「祈り」について、運気を引き寄せ、才能を開花させ、生命力を横溢させる「科学的技法」として位置づけ、その実践方法を語っている。

また、「運気を引き寄せるリーダー」になるための、次の「七つの心得」を述べている。

第一　目の前の危機や逆境を、「絶対肯定の想念」で見つめる
第二　危機や逆境のときこそ、「死」を見つめ、「死生観」を定める
第三　人生は「大いなる何か」に導かれているとの「信」を定める
第四　リーダーの無意識はメンバーの無意識に伝わることを覚悟する
第五　危機や逆境のときこそ、メンバーに「使命感」や「志」を語る
第六　「大いなる何か」の導きは、「一直線」ではないことを知る
第七　「何気ない出来事」に起こる、「不思議な偶然」に注意を向ける

『すべては導かれている』（文庫：ＰＨＰ研究所／単行本：小学館）

この著書は、人生を拓くための「五つの覚悟」とは何か、その覚悟を、いかに定めるかについて、筆者の様々な体験を交えて語ったものである。

特に、「シンクロニシティ」や「コンステレーション」を感じることによって、人生で与えられた出来事や出会いの「意味」を、どのように解釈するか、そのとき、「引き受け」という技法が、どのように役に立つか、様々な事例を交え、述べている。

また、この著書では、筆者が三九年前に与えられた大病と「生死の体験」を紹介し、そこで、どのような「死生観」を定めたか、また、なぜ「死生観」を定めると、不思議なほど「良い運気」を引き寄せ、想像を超えた「才能開花」が起こるかについても語っている。

『人生で起こること　すべて良きこと』（ＰＨＰ研究所）
『逆境を越える「こころの技法」』（同書のＰＨＰ文庫版）

この著書は、様々な逆境が与えられる人生において、「究極のポジティブな想念」を、いかにして身につけるかについて、対話形式で語ったものである。

人生において、苦労や困難、失敗や敗北、挫折や喪失、病気や事故といった「逆境」に直面したとき、「人生で起こること、すべてに深い意味がある」「人生で出会う人、すべてに深い縁がある」と思い定めるならば、我々は、その体験を糧として、必ず、人間を磨き、成長していける。そして、もし、「人生で起こること、すべて良きこと」との覚悟を定めることができるならば、どのような「逆境」においても、必ず、道を拓いていける。

いかにして、その覚悟を定めるか、筆者の様々な体験を紹介しながら語っている。

「人生」を語る

『未来を拓く君たちへ』（PHP研究所）
『いかに生きるか』（ソフトバンク・クリエイティブ）
『人生の成功とは何か』（PHP研究所）
『人生で起こること　すべて良きこと』（PHP研究所）
『逆境を越える「こころの技法」』（PHP研究所）
『すべては導かれている』（PHP研究所、小学館）
『運気を磨く』（光文社）
『運気を引き寄せるリーダー　7つの心得』（光文社）

「仕事」を語る

『仕事の思想』（PHP研究所）
『なぜ、働くのか』（PHP研究所）
『仕事の報酬とは何か』（PHP研究所）
『これから働き方はどう変わるのか』（ダイヤモンド社）

「成長」を語る

『知性を磨く』（光文社）『人間を磨く』（光文社）
『直観を磨く』（講談社）『能力を磨く』（日本実業出版社）
『人は、誰もが「多重人格」』（光文社）
『なぜ、優秀な人ほど成長が止まるのか』（ダイヤモンド社）
『成長し続けるための77の言葉』（PHP研究所）
『知的プロフェッショナルへの戦略』（講談社）
『プロフェッショナル進化論』（PHP研究所）

「技法」を語る

『なぜ、時間を生かせないのか』（PHP研究所）
『仕事の技法』（講談社）『意思決定12の心得』（PHP研究所）
『経営者が語るべき「言霊」とは何か』（東洋経済新報社）
『ダボス会議に見る世界のトップリーダーの話術』（東洋経済新報社）
『企画力』（PHP研究所）『営業力』（ダイヤモンド社）

主要著書

「思想」を語る

『生命論パラダイムの時代』（ダイヤモンド社）
『まず、世界観を変えよ』（英治出版）
『複雑系の知』（講談社）
『ガイアの思想』（生産性出版）
『使える弁証法』（東洋経済新報社）
『自分であり続けるために』（ＰＨＰ研究所）
『叡智の風』（ＩＢＣパブリッシング）
『深く考える力』（ＰＨＰ研究所）

「未来」を語る

『未来を予見する「５つの法則」』（光文社）
『未来の見える階段』（サンマーク出版）
『目に見えない資本主義』（東洋経済新報社）
『忘れられた叡智』（ＰＨＰ研究所）
『これから何が起こるのか』（ＰＨＰ研究所）
『これから知識社会で何が起こるのか』（東洋経済新報社）
『これから日本市場で何が起こるのか』（東洋経済新報社）

「経営」を語る

『複雑系の経営』（東洋経済新報社）
『「暗黙知」の経営』（徳間書店）
『なぜ、マネジメントが壁に突き当たるのか』（ＰＨＰ研究所）
『なぜ、我々はマネジメントの道を歩むのか』（ＰＨＰ研究所）
『こころのマネジメント』（東洋経済新報社）
『ひとりのメールが職場を変える』（英治出版）
『まず、戦略思考を変えよ』（ダイヤモンド社）
『これから市場戦略はどう変わるのか』（ダイヤモンド社）
『官邸から見た原発事故の真実』（光文社）
『田坂教授、教えてください。これから原発は、どうなるのですか？』
（東洋経済新報社）

著者情報

田坂塾への入塾

思想、ビジョン、志、戦略、戦術、技術、人間力という
「7つの知性」を垂直統合した
「21世紀の変革リーダー」への成長をめざす場
「田坂塾」への入塾を希望される方は
下記のサイト、もしくは、メールアドレスへ

http://hiroshitasaka.jp/tasakajuku/
(「田坂塾」で検索を)
tasakajuku@hiroshitasaka.jp

田坂塾大学への訪問

田坂広志の過去の著作や著書、講演や講話をアーカイブした
「田坂塾大学」は、広く一般に公開されています。訪問は、下記より

http://hiroshitasaka.jp/tasakajuku/college/
(「田坂塾大学」で検索を)

「風の便り」の配信

著者の定期メール「風の便り」の配信を希望される方は
下記「未来からの風フォーラム」のサイトへ

http://www.hiroshitasaka.jp
(「未来からの風」で検索を)

講演やラジオ番組の視聴

著者の講演やラジオ番組を視聴されたい方は
下記「田坂広志　公式チャンネル」のサイトへ
https://www.youtube.com/user/hiroshitasaka/
(「田坂広志　You Tube」で検索を)

著者略歴

田坂広志（たさかひろし）

1951年生まれ。1974年、東京大学工学部卒業。
1981年、東京大学大学院修了。工学博士（原子力工学）。
同年、民間企業入社。
1987年、米国シンクタンク、バテル記念研究所客員研究員。
同年、米国パシフィック・ノースウェスト国立研究所客員研究員。
1990年、日本総合研究所の設立に参画。
10年間に、延べ702社とともに、20の異業種コンソーシアムを設立。
ベンチャー企業育成と新事業開発を通じて
民間主導による新産業創造に取り組む。
取締役・創発戦略センター所長等を歴任。現在、同研究所フェロー。
2000年、多摩大学大学院教授に就任。社会起業家論を開講。現名誉教授。
同年、21世紀の知のパラダイム転換をめざす
シンクタンク・ソフィアバンクを設立。代表に就任。
2005年、米国ジャパン・ソサエティより、日米イノベーターに選ばれる。
2008年、ダボス会議を主催する世界経済フォーラムの
Global Agenda Councilのメンバーに就任。
2009年より、ＴＥＤメンバーとして、毎年、ＴＥＤ会議に出席。
2010年、ダライ・ラマ法王14世、デズモンド・ツツ元大主教、
ムハマド・ユヌス博士、ミハイル・ゴルバチョフ元大統領ら、
4人のノーベル平和賞受賞者が名誉会員を務める
世界賢人会議ブダペスト・クラブの日本代表に就任。
2011年、東日本大震災と福島原発事故に伴い、内閣官房参与に就任。
2013年、思想、ビジョン、志、戦略、戦術、技術、人間力という
「7つの知性」を垂直統合した
「21世紀の変革リーダー」への成長をめざす場
「田坂塾」を開塾。
現在、全国から7300名を超える経営者やリーダーが集まっている。
2021年、田坂広志の過去の著作や著書、講演や講話をアーカイブした
「田坂塾大学」を開学。広く一般に公開している。
著書は、国内外で100冊余り。
海外でも旺盛な出版と講演の活動を行っている。

本書をお読み頂き、
有り難うございました。
このご縁に感謝いたします。

お時間があれば、
本書の感想や著者へのメッセージを、
お送り頂ければ幸いです。

下記の個人アドレスか、ＱＲコードから、
メッセージを、お送りください。

小生が、直接、拝読いたします。

田坂広志　拝

tasaka@hiroshitasaka.jp

田坂広志（たさかひろし）

1951年生まれ。1974年東京大学卒業。1981年同大学院修了。工学博士（原子力工学）。1987年米国シンクタンク・バテル記念研究所客員研究員。1990年日本総合研究所の設立に参画。取締役等を歴任。2000年多摩大学大学院の教授に就任。現名誉教授。同年シンクタンク・ソフィアバンクを設立。代表に就任。2005年米国ジャパン・ソサエティより、日米イノベーターに選ばれる。2008年世界経済フォーラム（ダボス会議）のGlobal Agenda Councilのメンバーに就任。2010年世界賢人会議ブダペスト・クラブの日本代表に就任。2011年東日本大震災に伴い内閣官房参与に就任。2013年全国から7300名の経営者やリーダーが集まり「21世紀の変革リーダー」への成長をめざす場「田坂塾」を開塾。著書は100冊余。

死《し》は存在《そんざい》しない　最先端量《さいせんたんりょう》子《し》科学《かがく》が示《しめ》す新《あら》たな仮説《かせつ》

2022年10月30日初版1刷発行
2022年12月15日　　5刷発行

著　者 —— 田坂広志

発行者 —— 三宅貴久

装　幀 —— アラン・チャン

印刷所 —— 堀内印刷

製本所 —— ナショナル製本

発行所 —— 株式会社光文社
東京都文京区音羽1-16-6（〒112-8011）
https://www.kobunsha.com/

電　話 —— 編集部03（5395）8289　書籍販売部03（5395）8116
業務部03（5395）8125

メール —— sinsyo@kobunsha.com

ISBN 978-4-334-04630-9

1223
アメリカの教会
「キリスト教国家」の歴史と本質
橋爪大三郎

福音派って何？ 宗教右派って何?? 数多《あまた》ある宗派、分裂、統合、栄枯盛衰……現代アメリカの「なぜ？」を理解するために、植民地時代から現在に至るまでを丁寧に辿り解きほぐす決定版。

978-4-334-04631-6

1224
死は存在しない
最先端量子科学が示す新たな仮説
田坂広志

死後、我々はどうなるのか。「肉親」と再会できるのか。なぜ、「最先端の科学の知見」と「最古の宗教の直観」が一致するのか。この本を読み終えたとき、あなたの人生が変わる。

978-4-334-04630-9

1225
日本のピアニスト
その軌跡と現在地
本間ひろむ

「ピアニスト」という言葉の響きが放つ魔力——。日本のピアニストたちが歩んできた軌跡を辿りながら、今日、私たちが目にしている「新しいピアニスト像」までを射程に入れて考察。

978-4-334-04632-3

1226
観光立国・日本
ポストコロナ時代の戦略
箱谷真司

外国人訪日客99％減——。インバウンド受け入れの本格再開後、どのように観光産業を再生するか。日本各地を巡りDXやSDGs、観光公害対策など、現場の挑戦と葛藤を追う。

978-4-334-04633-0

1227
新地方論
都市と地方の間で考える
小松理虔

「都市」と「地方」。二項対立ではない視点から改めて地方を10のテーマで考えたときに、見えてくるものとは何か。福島県いわき市を拠点に、多彩な活動を続ける著者の思考と実践の記録。

978-4-334-04634-7